四川省生态环境执法典型案例分析

（2022 年版）

主　编◎陈　力　罗　彬

副主编◎熊　伟　王　恒　张　颖

西南交通大学出版社

·成　都·

图书在版编目（CIP）数据

四川省生态环境执法典型案例分析：2022年版 / 陈力，罗彬主编. —成都：西南交通大学出版社，2023.6

ISBN 978-7-5643-9354-0

Ⅰ. ①四… Ⅱ. ①陈… ②罗… Ⅲ. ①生态环境 – 环境保护 – 行政执法 – 案例 – 四川 Ⅳ. ①D927.712.685

中国国家版本馆 CIP 数据核字（2023）第 111699 号

Sichuan Sheng Shengtai Huanjing Zhifa Dianxing Anli Fenxi (2022 Nian Ban)

四川省生态环境执法典型案例分析（2022年版）

主编　陈 力　罗 彬

责任编辑	罗爱林
封面设计	原谋书装

出版发行	西南交通大学出版社
	（四川省成都市金牛区二环路北一段 111 号
	西南交通大学创新大厦 21 楼）
邮政编码	610031
发行部电话	028-87600564　028-87600533
网址	http://www.xnjdcbs.com
印刷	成都蜀通印务有限责任公司

成品尺寸	185 mm × 260 mm
印张	7.25
字数	171 千
版次	2023 年 6 月第 1 版
印次	2023 年 6 月第 1 次
书号	ISBN 978-7-5643-9354-0
定价	48.00 元

《四川省生态环境执法典型案例分析（2022年版）》编写委员会

主　编　陈　力　罗　彬

副主编　熊　伟　王　恒　张　颖

成　员　胡庭龙　杨明凡　张　璐　刁　剑

　　　　　毕钰聆　谢义琴

编写单位　四川省生态环境保护综合行政执法总队

　　　　　四川省环境政策研究与规划院

前　言

　　2022 年 10 月 16 日至 22 日，中国共产党第二十次全国代表大会在北京召开，习近平总书记代表第十九届中央委员会做了题为"高举中国特色社会主义伟大旗帜　为全面建设社会主义现代化国家而团结奋斗"的报告（以下简称《报告》）。《报告》总结了过去五年社会主义现代化建设的各项工作和新时代十年的伟大变革，开辟了马克思主义中国化时代化新境界，明确了新时代新征程中国共产党的使命任务，部署了未来五年经济社会发展重点任务。《报告》指出，必须牢固树立和践行绿水青山就是金山银山的理念，站在人与自然和谐共生的高度谋划发展。要深入推进环境污染防治，持续深入打好蓝天、碧水、净土保卫战，加强土壤污染源头防控。

　　2022 年，环境法治建设方面取得了显著成效，生态环境保护法律体系更加健全，法治保障更加有力，依法行政的制度约束更加严格，生态环境领域法律法规已成为中国特色社会主义法律体系非常重要的组成部分。"法律的生命在于实施"是习近平法治思想中的一个重要观点，也是推进当代中国法治建设的关键环节。本书以案例分析为切入视角，收集整理了 2022 年四川省生态环境领域 32 个监管执法典型案例，按照违法行为适用的法律法规，汇编了大气污染，水污染，土壤、固废污染，建设项目环境监管，排污许可管理，放射性污染以及复议、诉讼等七部分案例。本书以简短凝练的文字勾勒出案件的基本案情和查处情况，从执法的角度对案件法律法规适用进行了深入解析，提出针对性点评意见，并附以相关的法律、法规、规章、司法解释等依据，供生态环境监督管理、行政执法工作人员和相关人士参考。

本书在编写过程中，参考了大量的资料和文献，案例相关解析、点评等内容均反映了编写人员个人观点和意见。因编写时间仓促，加之编者水平和经验有限，书中难免有错漏之处，恳请读者批评指正、提出宝贵意见，以使我们在未来工作中不断改进。

《四川省生态环境执法典型案例分析（2022年版）》编写委员会

2023年7月

目　录

第一部分

大气污染典型案例
及其要点解析

⊘ 案例类型：不正常运行污染防治设施排放大气污染物

案例 1
某矿业有限公司不正常运行污染防治设施排放大气污染物案

一、案情简介

2022 年 3 月 21 日，某市生态环境局执法人员对某矿业有限公司就群众投诉问题开展检查，发现该公司 2022 年春节期间对烘干车间顶棚进行维修，将烘干车间布袋除尘器与排气筒连接部分断开，布袋除尘器顶部未封闭，直到检查人员现场检查也未恢复，导致生产废气未经处置就排入外环境。同时，磁选包装车间进料口和各落料点收集罩脱落未恢复，无法正常收集处理废气。

二、案件查处

某矿业有限公司的行为违反了《中华人民共和国大气污染防治法》第二十条第二款和《中华人民共和国环境保护法》第四十二条第四款规定，依据《中华人民共和国大气污染防治法》第九十九条第三项、《中华人民共和国环境保护法》第六十三条第三项和《环境保护主管部门实施查封、扣押办法》第四条规定，某市生态环境局对该公司烘干车间和磁选车间的生产设施的配电设备进行了查封，责令改正违法行为，处以罚款 34.75 万元，并将案件移送公安机关。

三、案件解析

1. 如何认定"不正常运行污染防治设施"？

不正常运行污染防治设施，是指排污单位主观上具有逃避监管偷排污染物的故意，明知其行为可能导致污染防治设施不能正常发挥处理作用，希望或者放任该结果的发生。同时，客观上实施了不正常运行污染防治设施的行为，并排放污染物。排放污染物是否超标不影响该违法行为的认定。

2. 办理移送行政拘留案件时，是否需要明确行政拘留的对象？

移送适用行政拘留环境违法案件是指生态环境部门办理尚不构成犯罪，依法作出行政处罚决定后，需要移送公安机关处以行政拘留的案件。生态环境部门向公安机关移送的是案件，并非移送直接负责的主管人员或者其他直接责任人员，是否实施行政拘留处罚，以及确定行政拘留对象的决定权在公安机关。其中，直接负责的主管人员是指违法行为主要获利者和在生产、经营中有决定权的管理、指挥、组织人员；其他直接责任人员是指直接排放、倾倒、处置污染物或者篡改、伪造监测数据的工作人员等。

3. 办理"不正常运行污染防治设施"案件时，是否必须实施查封、扣押？

根据《环境保护主管部门实施查封、扣押办法》第四条第一款第四项和第二款规定，通过"不正常运行防治污染设施"的方式排放污染物的应当实施查封、扣押，而不是可以实施查封、扣押。

四、案件点评

少数企业环保意识薄弱，虽然安装了废气处理设施，但是没有严格落实生态环境管理要求，导致污染防治设施不正常运行。因此，生态环境部门在依法查处此类案件的同时，要督促企业落实主体责任，健全相关环保制度，提升守法意识和管理水平，确保污染防治设施正常发挥处理作用。

五、相关法条

◆《中华人民共和国大气污染防治法》

第二十条第二款：禁止通过偷排、篡改或者伪造监测数据、以逃避现场检查为目的的临时停产、非紧急情况下开启应急排放通道、不正常运行大气污染防治设施等逃避监管的方式排放大气污染物。

第九十九条第三项：违反本法规定，有下列行为之一的，由县级以上人民政府生态环境主管部门责令改正或者限制生产、停产整治，并处十万元以上一百万元以下的罚款；情节严重的，报经有批准权的人民政府批准，责令停业、关闭：（三）通过逃避监管的方式排放大气污染物的。

◆《中华人民共和国环境保护法》

第四十二条第四款：严禁通过暗管、渗井、渗坑、灌注或者篡改、伪造监测数据，或者不正常运行防治污染设施等逃避监管的方式违法排放污染物。

第六十三条第三项：企业事业单位和其他生产经营者有下列行为之一，尚不构成犯罪的，除依照有关法律法规规定予以处罚外，由县级以上人民政府环境保护主管部门或者其他有关部门将案件移送公安机关，对其直接负责的主管人员和其他直接责任人员，处十日以上十五日以下拘留；情节较轻的，处五日以上十日以下拘留：（三）通过暗管、渗井、渗坑、灌注或者篡改、伪造监测数据，或者不正常运行防治污染设施等逃避监管的方式违法排放污染物的。

◆《行政主管部门移送适用行政拘留环境违法案件暂行办法》

第七条：《环境保护法》第六十三条第三项规定的通过不正常运行防治污染设施等逃避监管的方式违法排放污染物，包括以下情形：（一）将部分或全部污染物不经过处理设施，直接排放的；（二）非紧急情况下开启污染物处理设施的应急排放阀门，将部分或者全部污染物直接排放的；（三）将未经处理的污染物从污染物处理设施的中间工序引出直接排放的；（四）在生产经营或者作业过程中，停止运行污染物处理设施的；（五）违反操作规程使用污染物处理设施，致使处理设施不能正常发挥处理作用的；（六）污染物处理设施发生故障后，排污单位不及时或者不按规程进行检查和维修，致使处理设施不能正常发挥处理作用的；（七）其他不正常运行污染防治设施的情形。

◆《环境保护主管部门实施查封、扣押办法》

第四条：排污者有下列情形之一的，环境保护主管部门依法实施查封、扣押：（一）违法排放、倾倒或者处置含传染病病原体的废物、危险废物、含重金属污染物或者持久性有机污染物等有毒物质或者其他有害物质的；（二）在饮用水水源一级保护区、自然保护区核心区违反法律法规规定排放、倾倒、处置污染物的；（三）违反法律法规规定排放、倾倒化工、制药、石化、印染、电镀、造纸、制革等工业污泥的；（四）通过暗管、渗井、渗坑、灌注或者篡改、伪造监测数据，或者不正常运行防治污染设施等逃避监管的方式违反法律法规规定排放污染物的；（五）较大、重大和特别重大突发环境事件发生后，未按照要求执行停产、停排措施，继续违反法律法规规定排放污染物的；（六）法律、法规规定的其他造成或者可能造成严重污染的违法排污行为。

有前款第一项、第二项、第三项、第六项情形之一的，环境保护主管部门可以实施查封、扣押；已造成严重污染或者有前款第四项、第五项情形之一的，环境保护主管部门应当实施查封、扣押。

◎ 案例类型：未按照规定执行重污染天气应急减排措施

案例 2
某装饰材料有限公司未按照规定执行重污染天气应急减排措施案

一、案情简介

2021 年 11 月 16 日，某市生态环境局执法人员对某装饰材料有限公司（排污许可登记管理）开展现场检查，发现该公司在重污染天气黄色预警未解除的情况下，全自动喷涂生产线喷漆房和烘干房正在生产，未落实"一厂一策"方案明确的"重污染天气黄色预警期间应停用溶剂型原辅材料，停用喷漆设备 MF0005、MF0006，停止国四及以下重型运输车辆进行运输"应急减排措施。

二、案件查处

某装饰材料有限公司的行为违反了《四川省〈中华人民共和国大气污染防治法〉实施办法》第七十一条第二款和《成都市大气污染防治条例》第四十四条第五款规定，依据《四川省〈中华人民共和国大气污染防治法〉实施办法》第二十一条第三项规定，某市生态环境局对该公司有关设施、设备实施了查封，责令改正违法行为，并处以罚款 2 万元。

三、案件解析

1. 如何认定"未按照规定执行重污染天气应急减排措施"？

2022 年 1 月 28 日，四川省人民政府办公厅印发《四川省重污染天气应急预案（试行）》，要求各市（州）动态更新重污染应急减排清单，开展评定分级，对不同级别的企业提出不同的减排要求。纳入应急减排清单内的企业需要制定"一厂一策"，主要内容包括生产工艺流程、涉气产排污环节及污染物排放情况（含重型运输车辆及非道路移动机械污染物排放情况）等，并载明不同级别预警下的具体应急减排措施。未纳入应急减排清单的企业，根据减排需要，在橙色及以上预警期间采取统一应急减排措施。未按规定执行"一厂一策"或采取统一应急减排措施，即可认定为"未按照规定执行重污染天气应急减排措施"。

2. 针对土石方作业或者建筑物拆除施工以外的当事人拒不执行重污染天气应急响应措施，是否可以适用行政处罚？

2018 年 1 月 24 日，生态环境部长信箱就该问题以《拒不执行重污染天气应急措施法律适用的请示的回复》予以明确：对个别企业拒不执行重污染天气应急响应措施采取行政处罚措施，均不适用《中华人民共和国大气污染防治法》第九十九条第二项和第一百二十一条第二款规定。第一百二十一条第二款中的"等"字只能做等内理解，只适用于"拒不执行停止工地土石方作业或者建筑物拆除施工"的情形。

对重污染天气应急期间，企业未按照排污许可证规定停止或者限制排放污染物的违法行为，应适用《排污许可管理条例》第三十五条第二项进行处罚。需注意的是，目前四川省范围内部分城市出台的地方性法规对未按照规定执行重污染天气应急减排措施的行为明确了处罚条款，若企业排污许可证对重污染天气应急期间（特殊时段）有规定停止或者限制排放的，实施行政处罚应优先适用《排污许可管理条例》的规定，对排污许可没有特别规定的则适用其他法律规范。

3. 办理"未按照规定执行重污染天气应急减排措施"案件时，如果不能对当事人实施行政处罚，还有什么惩处措施？

生态环境部部长信箱《拒不执行重污染天气应急措施法律适用的请示的回复》对该违法行为适用行政强制也作出了规定，即可以按照《中华人民共和国大气污染防治法》第三十条规定对有关设施、设备、物品采取查封、扣押等行政强制措施。具体实施依据为《四川省〈中华人民共和国大气污染防治法〉实施办法》第二十一条第三项和第七十一条第二款，对未按照规定执行重污染天气应急减排措施的企业可以采取查封、扣押行政强制措施。

四、案件点评

近年来，四川省持续开展秋冬季大气污染防治攻坚，采取了一系列有效措施应对重污染天气，通过提前启动应急预警，及时开展应急减排，减缓污染物累积的速度，减轻污染发生的程度，努力消除重污染天气的不利影响。尤其是狠抓减排控量，结合应急预案和应急减排清单要求，依法抓好工业源停产、限产，机动车禁行、限行，施工工地停工、错峰施工等减排措施，为减轻污染天气影响、改善环境空气质量保驾护航。

以上规定充分表明四川省严厉打击拒不执行重污染天气应急减排措施违法行为的坚决态度。为打赢重污染天气消除攻坚战，要严格落实重污染天气应急管控措施，将行政处罚和行政强制有机结合，加大典型案例曝光力度，引导和倒逼企业坚守法律底线，切实改善环境空气质量。

五、相关法条

◆《四川省〈中华人民共和国大气污染防治法〉实施办法》

第二十一条第三项：企业事业单位和其他生产经营者，有下列行为之一，造成或者可能造成严重污染的，或者有关证据可能灭失或者被隐匿的，县级以上地方人民政府生态环境主管部门和其他负有大气环境保护监督管理职责的部门可以依法对有关设施、设备、物品进行查封、扣押：（三）未按照规定执行重污染天气应急减排措施的。

第七十一条第二款：企业事业单位和其他生产经营者、公民应当配合政府及其有关部门采取的重污染天气应急响应措施。

◆《中华人民共和国大气污染防治法》

第三十条：企业事业单位和其他生产经营者违反法律法规规定排放大气污染物，造成或者可能造成严重大气污染，或者有关证据可能灭失或者被隐匿的，县级以上人民政府生态环境主管部门和其他负有大气环境保护监督管理职责的部门，可以对有关设施、设备、物品采取查封、扣押等行政强制措施。

第九十九条第二项：违反本法规定，有下列行为之一的，由县级以上人民政府生态环境主管部门责令改正或者限制生产、停产整治，并处十万元以上一百万元以下的罚款；情节严重的，报经有批准权的人民政府批准，责令停业、关闭：（二）超过大气污染物排放标准或者超过重点大气污染物排放总量控制指标排放大气污染物的。

第一百二十一条第二款：违反本法规定，拒不执行停止工地土石方作业或者建筑物拆除施工等重污染天气应急措施的，由县级以上地方人民政府确定的监督管理部门处一万元以上十万元以下的罚款。

◆《排污许可管理条例》

第三十五条第二项：违反本条例规定，排污单位有下列行为之一的，由生态环境主管部门责令改正，处 5 万元以上 20 万元以下的罚款；情节严重的，处 20 万元以上 100 万元以下的罚款，责令限制生产、停产整治：（二）特殊时段未按照排污许可证规定停止或者限制排放污染物。

案例 3
某机动车检测有限公司出具虚假排放检验报告案

一、案情简介

2021 年 8 月 11 日，某市生态环境局执法人员对某机动车检测有限公司开展现场检查，发现该公司电子气象站于 2021 年 8 月 5 日至 8 月 6 日发生故障，在无法向控制计算机传输温度和湿度实时数据的情况下，仍使用双怠速法及简易工况法对 35 辆汽车开展检测并出具检验报告，不符合《汽油车污染物排放限值及测量方法（双怠速法及简易工况法）》（GB 18285—2018）中第 D.3.6.1、D3.6.2 的规定。

二、案件查处

某机动车检测有限公司的行为违反了《中华人民共和国大气污染防治法》第五十四条第一款规定，依据《中华人民共和国大气污染防治法》第一百一十二条第一款规定，某市生态环境局责令该公司改正违法行为，处以罚款 21.83 万元，并没收违法所得 3500 元。

三、案件解析

1. "为不合格车辆，出具合格报告"和"为合格车辆，出具不合格报告"，是否都属于出具虚假排放检验报告？

根据《四川省机动车和非道路移动机械排气污染防治办法》（2021 年四川省人民政府令第 346 号）以及《检验检测机构监督管理办法》（国家市场监督管理总局令第 39 号），机动车排放检测机构出具虚假排放检验报告的情形包括：① 未经检验、使用其他机动车代替检验的；② 篡改、编造原始数据、记录的；③ 使用可以非法生成检验数据的仪器设备或者软件程序的；④ 漏检应检项目或者未使用规定的检验方法进行排放检验的；⑤ 标准限值、受检机动车基本信息错误，或者检验操作不符合标准规定要求的；⑥ 伪造检验检测报告和原始记录签名，或者非授权签字人签发检验检测报告的；⑦ 漏检关键项目、干扰检验检测过程或者改动关键项目的检测方法，造成检验检测数据、结果不真实的；⑧ 调换检验检测样品或者故意改变其原有状态，进行检验检测并出具检验检测数据、结果的；⑨ 违反法律、法规及标准规范要求的其他行为。

因此，"为不合格车辆，出具合格报告"以及"为合格车辆，出具不合格报告"均属于出具的检测报告检测数据、结果不真实的情形，应当按照出具虚假排放检验报告的违法行为进行惩处。

2. 生态环境部门可否要求出具虚假排放检验报告的机动车检验机构暂停检测线？

现行法律法规虽未授权生态环境部门对出具虚假排放检验报告的机动车检验机构暂停检测线，但依据《四川省机动车和非道路移动机械排气污染防治办法》（2021 年四川省人民政府令第 346 号）规定，生态环境主管部门发现机动车排放检验机构伪造检验结果、出具虚假检验报告的，应当暂停其网络联接和检验报告打印功能。

四、案件点评

机动车排放检测是机动车排放污染控制的关键环节，检测数据、检测结果是执法监管的事实依据。但实践中，部分机动车环保检测机构暴露出检测程序不规范、检测设备可靠性差、从业人员能力水平不足等问题，个别机动车检测机构甚至伪造机动车、非道路移动机械检验结果以及出具虚假排放检验报告，严重影响了机动车污染防治制度措施的实施效果，为贯彻落实国家深入打好污染防治攻坚战的战略部署、改善生态环境质量，对此类违法行为应予以严厉打击。

五、相关法条

◆《中华人民共和国大气污染防治法》

第五十四条第一款：机动车排放检验机构应当依法通过计量认证，使用经依法检定合格的机动车排放检验设备，按照国务院生态环境主管部门制定的规范，对机动车进行排放检验，并与生态环境主管部门联网，实现检验数据实时共享。机动车排放检验机构及其负责人对检验数据的真实性和准确性负责。

第一百一十二条第一款：违反本法规定，伪造机动车、非道路移动机械排放检验结果或者出具虚假排放检验报告的，由县级以上人民政府生态环境主管部门没收违法所得，并处十万元以上五十万元以下的罚款；情节严重的，由负责资质认定的部门取消其检验资格。

◆《四川省机动车和非道路移动机械排气污染防治办法》

第二十四条：机动车排放检验机构不得有以下伪造排放检验结果或者出具虚假排放检验报告的情形：（一）未经检验、使用其他机动车代替检验的；（二）篡改、编造原始数据、记录的；（三）使用可以非法生成检验数据的仪器设备或者软件程序的；（四）漏检应检项目或者未使用规定的检验方法进行排放检验的；（五）标准限值、受检机动车基本信息错误，或者检验操作不符合标准规定要求的；（六）违反法律、法规及标准规范要求的其他行为。

◆《检验检测机构监督管理办法》

第十四条第二款：检验检测机构出具的检验检测报告存在下列情形之一的，属于虚假检验检测报告：（一）未经检验检测的；（二）伪造、变造原始数据、记录，或者未按照标准等规定采用原始数据、记录的；（三）减少、遗漏或者变更标准等规定的应当检验检测的项目，或者改变关键检验检测条件的；（四）调换检验检测样品或者改变其原有状态进行检验检测的；（五）伪造检验检测机构公章或者检验检测专用章，或者伪造授权签字人签名或者签发时间的。

◎ 案例类型：非道路移动机械超过标准排放大气污染物

案例 4
宋某非道路移动机械超过标准排放大气污染物案

一、案情简介

2020 年 12 月 17 日，某市生态环境局执法人员对某工地进行现场检查时，发现宋某的一辆在用非道路移动机械挖掘机在该工地内作业，随即委托某计量检测公司对该挖掘机进行尾气检测。检测结果显示，上述挖掘机尾气 3 次烟度测量值分别为 $0.62m^{-1}$、$0.54m^{-1}$、$0.76m^{-1}$，平均值为 $0.64m^{-1}$，超过《非道路柴油移动机械排气烟度限值及测量方法》（GB 36886—2018）中Ⅲ类规定的 $0.5m^{-1}$ 排放限值，检测结果不达标。

二、案件查处

宋某的行为违反了《中华人民共和国大气污染防治法》第五十一条第一款规定，依据《中华人民共和国大气污染防治法》第一百一十四条第一款规定，某市生态环境局责令宋某停止使用排放不合格的非道路移动机械，并处以罚款 5000 元。

三、案件解析

1. 非道路移动柴油机械的范围是什么？

《非道路柴油移动机械排气烟度限值及测量方法》（GB 36886—2018）3.1 规定"非道路移动柴油机械"指用于非道路上的各类机械：（1）自驱动或具有双重功能；既能自驱动又能进行其他功能操作的机械。（2）不能自驱动，但被设计成能够从一个地方移动或被移动到另一个地方的机械。包括但不限于工程机械（包括装载机、挖掘机、推土机、压路机、沥青摊铺机、叉车、非公路用卡车等）、农业机械、林业机械、材料装卸机械、工业钻探设备、雪犁装备、机场地勤设备、空气压缩机、发电机组、渔业机械、水泵等。

2. 非道路移动机械大气污染物排放的监管主体是谁？

根据《四川省〈中华人民共和国大气污染防治法〉实施办法》第五十一条"县级以上地方人民政府交通运输、自然资源、住房和城乡建设、农业农村、林业和草原、水利等主管部门和非道路移动机械使用单位应当建立在用非道路移动机械管理台账，包括种类、数量、排放、使用场所等信息。县级以上地方人民政府生态环境主管部门应当会同相关部门对非道路移动机械的大气污染物排放状况进行监督检查，排放不合格的，不得使用"规定，监管主体较上位法增加了自然资源部门，建立了台账制度，进一步强化了监管手段。同时，在第七十七条中明确"违反本实施办法第三十五条规定，在禁止使用高排放非道路移动机械的区域使用高排放非道路移动机械的，由城市人民政府生态环境等主管部门对其使用单位或者个人处每台次五千元的罚款"。

3. 办理"非道路移动机械超过标准排放大气污染物"案件的难点是什么？

非道路移动机械租赁市场保有者多为个体，人员复杂、流动性大，如何精准认定当事人是该类案件的难点。根据《中华人民共和国大气污染防治法》第一百一十四条第一款规定，案涉违法行为当事人应当是非道路移动机械实际使用人而非所有权人或者操作人员，执法人员在调查取证过程中，应当调取非道路移动机械的买卖合同、租赁合同、承包合同等相关证据，以锁定实际使用人。

四、案件点评

非道路移动机械种类繁多，应用领域广泛，我国非道路移动机械每年约排放氮氧化物200万吨以上，管控好非道路移动机械污染物排放对环境保护有重要意义。生态环境主管部门应当会同交通运输、自然资源、住房和城乡建设、农业农村、林业和草原、水利等有关主管部门深入非道路移动机械应用现场开展执法活动，充分发挥各部门的职能，形成监管合力。

五、相关法条

◆《中华人民共和国大气污染防治法》

第五十一条第一款：机动车船、非道路移动机械不超过标准排放大气污染物。

第五十六条：生态环境主管部门应当会同交通运输、住房城乡建设、农业行政、水行政等有关部门对非道路移动机械的大气污染物排放状况进行监督检查，排放不合格的，不得使用。

第一百一十四条第一款：违反本法规定，使用排放不合格的非道路移动机械，或者在用重型柴油车、非道路移动机械未按照规定加装、更换污染控制装置的，由县级以上人民政府生态环境等主管部门按照职责责令改正，处五千元的罚款。

◆《四川省〈中华人民共和国大气污染防治法〉实施办法》

第五十一条：县级以上地方人民政府交通运输、自然资源、住房和城乡建设、农业农村、林业和草原、水利等主管部门和非道路移动机械使用单位应当建立在用非道路移动机械管理台账，包括种类、数量、排放、使用场所等信息。

县级以上地方人民政府生态环境主管部门应当会同相关部门对非道路移动机械的大

气污染物排放状况进行监督检查，排放不合格的，不得使用。

第七十七条：违反本实施办法第三十五条规定，在禁止使用高排放非道路移动机械的区域使用高排放非道路移动机械的，由城市人民政府生态环境等主管部门对其使用单位或者个人处每台次五千元的罚款。

◎ **案例类型：违反挥发性有机物废气管理规定**

案例 5
某建材有限责任公司违反挥发性有机物废气管理规定案

一、案情简介

2021 年 5 月 18 日，某省生态环境厅执法人员对某建材有限责任公司进行检查，发现该公司黏接工艺使用含 VOCs（挥发性有机物）物料的云石胶作为原料，现场黏接作业未在密闭空间或者设备中进行，也未按规定安装和使用污染防治设施，挥发性有机物废气直排外环境。

二、案件查处

某建材有限责任公司的行为违反了《中华人民共和国大气污染防治法》第四十五条规定，依据《中华人民共和国大气污染防治法》第一百零八条第一项规定，某省生态环境厅责令该公司立即改正违法行为，并处以罚款 2 万元。

三、案件解析

1. VOCs 废气在何种情形下可以豁免收集？

首先，应判断企业是否适用《挥发性有机物无组织排放控制标准》（GB 37822—2019），若地方或者行业有更严格的排放标准，要求生产装置整体进行收集，不论 VOCs 质量占比高低均需收集，不能豁免。其次，再判断涉及 VOCs 各个工序阶段使用物料的 VOCs 质量占比情况。企业采用符合国家有关低 VOCs 含量产品规定的涂料、油墨、胶黏剂等，排放浓度稳定达标且排放速率、排放绩效等满足相关规定的，相应生产工序可不要求建设末端治理设施。使用的原辅材料 VOCs 质量占比低于 10% 的工序，可不要求采取无组织排放收集措施。

2. VOCs 有组织排放控制要求是什么？

VOCs 有组织排放执行的排放控制要求包括两方面：一是排放浓度控制。VOCs 废气收集处理系统污染物排放应符合相关行业排放标准规定；无行业排放标准的，执行《大气污染物综合排放标准》（GB16297—1996）的规定。二是处理效率要求。车间或生产设施有组织排气中，或无组织收集的废气中 NMHC 初始排放速率 ≥3kg/h 时，应配置 VOCs 处理设施，处理效率不应低于80%；对于重点地区，NMHC（非甲烷总烃）初始排放速率≥2 kg/h时，应配置VOCs处理设施，处理效率不应低于80%；采用的原辅材料符合国家有关低VOCs含量产品规定的除外。

3. 如何开展涉VOCs企业现场检查？

对涉VOCs企业现场检查有3个重点环节：一是查看原材料。检查企业原辅材料是否符合环评审批要求；现场查看含VOCs原辅材料是否密闭贮存；查看企业所使用的VOCs物料含量相关资料。二是查看生产区。检查是否按要求转移、输送VOCs物料；现场利用红外热成像仪、PID（控制器）、FID（火焰离子化检测仪）检查生产过程是否存在 VOCs无组织排放；通过现场检测或监测报告判断是否存在超标排放。三是查看危废贮存间。检查危废间废气收集处理情况。

四、案件点评

挥发性有机物管控是近年生态环境保护重点工作，企业是否需要收集和治理挥发性有机物成为环境执法的难点，其中原辅料中VOCs质量占比以及排放浓度稳定达标且排放速率、排放绩效等是否满足相关规定成为执法取证的关键。实践中，生态环境主管部门应加强与监测、技术部门的通力合作，通过调取检测报告、原辅料配方等相关资料，全面锁定违法证据，严查违法行为。同时，鼓励企业实施原辅料替代，实现绿色转型。

五、相关法条

◆《中华人民共和国大气污染防治法》

第四十五条：产生含挥发性有机物废气的生产和服务活动，应当在密闭空间或者设备中进行，并按照规定安装、使用污染防治设施；无法密闭的，应当采取措施减少废气排放。

第一百零八条第一项：违反本法规定，有下列行为之一的，由县级以上人民政府生态环境主管部门责令改正，处二万元以上二十万元以下的罚款；拒不改正的，责令停产整治：（一）产生含挥发性有机物废气的生产和服务活动，未在密闭空间或者设备中进行，未按照规定安装、使用污染防治设施，或者未采取减少废气排放措施的。

◎ 案例类型：未按照国家有关规定安装并正常使用油气回收装置

案例 6
某加油站未按照国家有关规定安装并正常使用油气回收装置案

一、案情简介

2020 年 7 月 15 日，某市生态环境局执法人员对某加油站开展现场执法检查。检测公司对该加油站进行现场采样监测，共有 7 支加油枪气液比未在 1.0~1.2 范围内，不符合《加油站大气污染物排放标准》（GB 20952—2007）规定。

二、案件查处

某加油站的行为违反了《中华人民共和国大气污染防治法》第四十七条第二款规定，依据《中华人民共和国大气污染防治法》第一百零八条第四项规定，某市生态环境局责令该加油站改正违法行为，并处以罚款 4.13 万元。

三、案件解析

1. 油气回收主要检测项目及标准是什么？

加油站油气回收检测项目主要有处置装置油气排放浓度、排放口高度及油气回收系统的管线液阻、密闭性压力、气液比等，以上项目需满足《加油站大气污染物排放标准》（GB 20952—2020，2021-04-01 实施）和《四川省加油站大气污染物排放标准》（DB51 2865—2021）要求；储油库检测项目主要有油气密闭收集系统的气体泄漏体积分数浓度、油气回收处理装置的油气排放浓度和处理效率及排放口高度、汽油泄漏量、油气收集系统压力等，以上项目需满足《储油库大气污染物排放标准》（GB 20950—2020）要求；油罐车检测项目主要有油气回收系统密闭性检测压力变动值、油气回收管线气动阀门密闭性检测压力变动值等，以上项目需满足《油品运输大气污染物排放标准》（GB 20951—2020）要求。

2. 加油站不正常使用油气回收装置的常见情形有哪些？

不正常使用油气回收装置常见的情形有 4 种：① 回收装置未连接电源或者保险丝等

部件,导致损坏无法开机,加油时真空泵不工作;② 胶管、皮带等断裂,导致回收泵"干转",无法正常收集油气;③ 阀门未正常开启,即要保持真空泵下端的阀门处于开启状态,测试液阻的堵头处阀门处于关闭状态,若开启状态不符,回收装置也处于空转状态;④ 油气回收装置长期跑冒滴漏,不及时或者不按规程进行检查和维修,致使处理装置不能正常发挥处理作用。

3. 在查处"加油站不正常使用油气回收装置"案件中,调查取证的要点是什么?

加油站应当保持油气回收装置正常使用,执法人员进行现场执法检查时,应注意以下调查取证要点:① 调取加油站油气回收装置的操作规程和管理规程;② 查阅加油站检查、维护、维修的记录档案;③ 查看加油站通气管是否按照《汽车加油加气加氢站技术标准》(GB 50156—2021)的要求设置压力/真空阀,设有阀门的,阀门应保持常开状态,未安装压力/真空阀应保持常闭状态;④ 及时委托第三方检测机构对加油站的油气回收装置进行检测。

四、案件点评

油气回收系统的作用是将油气通过密闭收集、储存,运送到储油库集中回收变成汽油。通常情况下,1 吨汽油产生 8 千克油气。安装使用油气回收系统不仅能够从源头上减少油气挥发,提高能源利用效率,而且能减少大气污染,改善大气环境。

五、相关法条

◆《中华人民共和国大气污染防治法》

第四十七条第二款:储油储气库、加油加气站、原油成品油码头、原油成品油运输船舶和油罐车、气罐车等,应当按照国家有关规定安装油气回收装置并保持正常使用。

第一百零八条第四项:违反本法规定,有下列行为之一的,由县级以上人民政府生态环境主管部门责令改正,处二万元以上二十万元以下的罚款;拒不改正的,责令停产整治:(四)储油储气库、加油加气站和油罐车、气罐车等,未按照国家有关规定安装并正常使用油气回收装置的。

◎ 案例类型：未按照规定落实扬尘污染防治措施

案例 7
某建设工程有限公司未按照规定落实扬尘污染防治措施案

一、案情简介

2021 年 1 月 4 日，某市生态环境局执法人员对某建设工程有限公司开展执法检查，发现该公司砂石原料堆场及河沙矿粉成品料堆场在不能密闭的前提下，未设置不低于堆放物高度的围挡，也未采取有效覆盖措施防治扬尘污染。

二、案件查处

某建设工程有限公司的行为违反了《中华人民共和国大气污染防治法》第七十二条第一款规定，根据《中华人民共和国大气污染防治法》第一百一十七条第二项规定，某市生态环境局责令该公司立即改正违法行为，并处以罚款 1 万元。

三、案件解析

1. 如何区分适用《中华人民共和国大气污染防治法》第一百一十七条第一项和第二项？

在实际工作中，企业往往既未对易产生扬尘的物料进行密闭，也未按照规定落实其他扬尘污染防治措施。该类案件关键在于企业是否具备密闭贮存条件。根据案件实际情况，对于具备密闭贮存条件，而未进行密闭贮存的，适用《中华人民共和国大气污染防治法》第一百一十七条第一项规定进行处罚；对于不具备密闭贮存条件，未设置不低于堆放物高度的严密围挡，或者未采取有效覆盖措施防治扬尘污染的，应适用《中华人民共和国大气污染防治法》第一百一十七条第二项规定进行处罚。

2. 如何区分《中华人民共和国大气污染防治法》第四十八条第二款与第七十二条第一款的法律适用？

《中华人民共和国大气污染防治法》第四十八条第二款主要针对工业生产企业的全流程生产过程规定了密闭、围挡、遮盖、清扫、洒水等措施，立法的目的是减少内部物料堆存等生产全部环节产生粉尘和气态污染物的排放，即从堆存到传输到装卸的全流程管控，所以里面有粉尘和气态污染物排放的表述。而第七十二条第一款，意在专门针对贮存石灰等易产生扬尘的物料进行规范，从立法旨意上看，更侧重"静态"，即单纯地贮存，故有扬尘污染的表述。

3. 办理"未按规定落实扬尘污染防治措施"案件时，是否需要立即送达责令改正违法行为决定？

该类案件符合《中华人民共和国大气污染防治法》第一百二十三条第四项规定的情形，可以启动按日连续处罚。执法人员在调查时可以当场认定违法排放污染物的，应当向排污者送达责令改正违法行为决定书。同时，参考《环境保护主管部门实施按日连续处罚办法》第八条第二款规定以及扬尘污染的实时性，行政机关在办理该类案件时，应在认定存在违法行为后立即送达责令改正违法行为决定书。

四、案件点评

料堆扬尘是指各种工业料堆、建筑料堆、建渣及垃圾等由于堆积和装卸操作以及风蚀作用等造成的扬尘，对局部大气环境有明显影响。对易产生扬尘的物料应密闭贮存，确实不具备密闭贮存条件的，要采取覆盖措施，还要设置不低于物料堆放高度的围挡，确保不产生扬尘。除此外，还要兼顾《中华人民共和国固体废物污染环境防治法》中关于固体废物防扬散、防流失、防渗漏措施的相关要求。

五、相关法条

◆《中华人民共和国大气污染防治法》

第四十八条第二款：工业生产企业应当采取密闭、围挡、遮盖、清扫、洒水等措施，减少内部物料的堆存、传输、装卸等环节产生的粉尘和气态污染物的排放。

第七十二条第一款：贮存煤炭、煤矸石、煤渣、煤灰、水泥、石灰、石膏、砂土等易产生扬尘的物料应当密闭；不能密闭的，应当设置不低于堆放物高度的严密围挡，并采取有效覆盖措施防治扬尘污染。

第一百一十七条第一项、第二项：违反本法规定，有下列行为之一的，由县级以上人民政府生态环境等主管部门按照职责责令改正，处一万元以上十万元以下的罚款；拒不改正的，责令停工整治或者停业整治：（一）未密闭煤炭、煤矸石、煤渣、煤灰、水泥、石灰、石膏、砂土等易产生扬尘的物料的；（二）对不能密闭的易产生扬尘的物料，未设置不低于堆放物高度的严密围挡，或者未采取有效覆盖措施防治扬尘污染的。

第一百二十三条第四项：违反本法规定，企业事业单位和其他生产经营者有下列行为之一，受到罚款处罚，被责令改正，拒不改正的，依法作出处罚决定的行政机关可以自责令改正之日的次日起，按照原处罚数额按日连续处罚：（四）建筑施工或者贮存易产生扬尘的物料未采取有效措施防治扬尘污染的。

◆《**环境保护主管部门实施按日连续处罚办法**》

第八条：环境保护主管部门可以当场认定违法排放污染物的，应当在现场调查时向排污者送达责令改正违法行为决定书，责令立即停止违法排放污染物行为。

需要通过环境监测认定违法排放污染物的，环境监测机构应当按照监测技术规范要求进行监测。环境保护主管部门应当在取得环境监测报告后三个工作日内向排污者送达责令改正违法行为决定书，责令立即停止违法排放污染物行为。

◎ 案例类型：超标排放大气污染物

案例 8
某包装有限责任公司超标排放大气污染物案

一、案情简介

2020 年 8 月 28 日，某市生态环境局执法人员对某包装有限责任公司进行专项检查，检查时该公司正在生产，废气治理设施正在运行。通过对该公司有组织排放废气采样检测，检测报告（凯乐检字〔2020〕第 080970W）显示，某包装有限责任公司有组织排放废气中甲苯为 5.7mg/m³，超过《四川省固定污染源大气挥发性有机物排放标准》（DB51/2377—2017）中规定的印刷行业 3mg/m³ 的排放限值。

二、案件查处

某包装有限责任公司的行为违反了《中华人民共和国大气污染防治法》第十八条规定，依据《中华人民共和国大气污染防治法》第九十九条第二项规定，某市生态环境局责令该公司改正违法行为，并处以罚款 26.55 万元。

三、案件解析

1. 第三方检测机构出具的检测报告是否可以作为行政执法依据？

第三方检测机构需具有质量技术监督部门颁发的《资质认定计量认证证书》，证明其已具备国家有关法律、行政法规规定的基本条件和能力，可以向社会出具具有证明作用的与案件有关的检测数据及结果。根据《环境保护部办公厅〈关于社会环境监测机构出具监测报告能否作为行政执法管理依据〉的复函》（环办监测函〔2017〕1850 号），社会环境监测机构受环境保护主管部门的委托开展环境监测活动，符合《中华人民共和国计量法》和《中华人民共和国计量法实施细则》规定，按照有关环境保护法律法规规章或者相关技术规范要求出具的环境监测数据，可以作为环境保护行政管理的依据。同时满足《中华人民共和国行政处罚法》《中华人民共和国行政诉讼法》等法律以及相关司法解释规定的证据要件的，可以作为行政处罚的证据。

2. 超标排放污染物是否涉及刑事责任？

《中华人民共和国刑法》第三百三十八条规定了污染环境罪，即违反国家规定，排放、倾倒、处置有放射性的废物、含传染病病原体的废物、有毒物质或者其他有害物质，严重污染环境的，处三年以下有期徒刑或者拘役，并处或者单处罚金；情节严重的，处三年以上七年以下有期徒刑，并处罚金。而《最高人民法院、最高人民检察院关于办理环境污染刑事案件适用法律若干问题的解释》（法释〔2016〕29号）明确了18种"严重污染环境"的情形，该解释关于超标排放污染物构成污染环境罪的情形为"排放、倾倒、处置含铅、汞、镉、铬、砷、铊、锑的污染物，超过国家或者地方污染物排放标准三倍以上的；排放、倾倒、处置含镍、铜、锌、银、钒、锰、钴的污染物，超过国家或者地方污染物排放标准十倍以上的"。另外对"后果特别严重"也进行了解释，提高了污染环境罪认定的可操作性。因此，超标排放污染物除了会受到行政处罚之外，特定情形下情节严重的，还可能构成污染环境罪，需承担刑事责任。

四、案件点评

超标排污是一种严重损害环境的违法行为，应当受到法律的严厉制裁。《中华人民共和国环境保护法》实施以来，超标排污的法律规制体系越来越完善，对有效打击超标排污行为具有重要意义。通过完善自动监控设施与视频监控系统、增加抽检频次、强化测管协同等措施，加强对排污单位的监管力度，引导和倒逼排污单位坚守法律底线，切实保护生态环境。

五、相关法条

◆《中华人民共和国大气污染防治法》

第十八条：企业事业单位和其他生产经营者建设对大气环境有影响的项目，应当依法进行环境影响评价、公开环境影响评价文件；向大气排放污染物的，应当符合大气污染物排放标准，遵守重点大气污染物排放总量控制要求。

第九十九条第二项：违反本法规定，有下列行为之一的，由县级以上人民政府生态环境主管部门责令改正或者限制生产、停产整治，并处十万元以上一百万元以下的罚款；情节严重的，报经有批准权的人民政府批准，责令停业、关闭：（二）超过大气污染物排放标准或者超过重点大气污染物排放总量控制指标排放大气污染物的。

◆《中华人民共和国刑法》

第三百三十八条：违反国家规定，排放、倾倒或者处置有放射性的废物、含传染病病原体的废物、有毒物质或者其他有害物质，严重污染环境的，处三年以下有期徒刑或者拘役，并处或者单处罚金；情节严重的，处三年以上七年以下有期徒刑，并处罚金；有下列情形之一的，处七年以上有期徒刑，并处罚金：（一）在饮用水水源保护区、自然保护地核心保护区等依法确定的重点保护区域排放、倾倒、处置有放射性的废物、含传染病病原体的废物、有毒物质，情节特别严重的；（二）向国家确定的重要江河、湖泊水域排放、倾倒、处置有放射性的废物、含传染病病原体的废物、有毒物质，情节特别严重的；（三）致使大量永久基本农田基本功能丧失或者遭受永久性破坏的；（四）致使多人重伤、严重疾病，或者致人严重残疾、死亡的。有前款行为，同时构成其他犯罪的，依照处罚较重的规定定罪处罚。

案例 9

某科技有限公司通过篡改监测数据的方式逃避监管排放大气污染物案

一、案情简介

2021 年 4 月 12 日，某市生态环境局执法人员对某科技有限公司进行检查时，发现该公司燃煤锅炉废气排口粉尘仪玻璃镜粘贴黑色胶布，自动监测数据显示颗粒物浓度（折算值）基本稳定在 10 mg/m³ 以内波动，撕下黑色胶布后，颗粒物浓度（折算值）大幅上升，并保持在 60 mg/m³ 以上。

二、案件查处

某科技有限公司的行为违反了《中华人民共和国大气污染防治法》第二十条第二款和《中华人民共和国环境保护法》第四十二条第四款规定，依据《中华人民共和国大气污染防治法》第九十九条第三项和《中华人民共和国环境保护法》第六十三条第三项规定，某市生态环境局责令该公司改正违法行为，处以罚款 58.09 万元，并将案件移送公安机关。

三、案件解析

1. 涉及自动监测设备的常见违法行为有哪些？

根据近年来生态环境部发布的废气自动监测设备相关典型案例，将该领域涉及的常见违法行为归纳为：① 篡改或者伪造监测数据；② 未保证监测设备正常运行（具体包括未按规定对污染物自行监测并保存原始监测记录，未按规定安装污染物自动监测设备、未按规定联网并保证监测设备正常运行等）；③ 不正常运行大气污染防治设施。

《行政主管部门移送适用行政拘留环境违法案件暂行办法》第六条规定："《环境保护法》第六十三条第三项规定的通过篡改、伪造监测数据等逃避监管的方式违法排放污染物，是指篡改、伪造用于监控、监测污染物排放的手工及自动监测仪器设备的监测数据，包括以下情形：（一）违反国家规定，对污染源监控系统进行删除、修改、增加、干扰，或者对污染源监控系统中存储、处理、传输的数据和应用程序进行删除、修改、增加，造成污染源监控系统不能正常运行的；（二）破坏、损毁监控仪器站房、通讯线路、信息采集传输设备、视频设备、电力设备、空调、风机、采样泵及其他监控设施的，以及破坏、损毁监控设施采样管线，破坏、损毁监控仪器、仪表的；（三）稀释排放的污染物故意干扰监测数据的；（四）其他致使监测、监控设施不能正常运行的情形。"

2. 篡改、伪造自动监测数据是否必须进行采样监测？

篡改、伪造监测数据情形多种多样，并非每种情形下都要进行采样监测，应根据其具体情形确定相应的违法事实。从实际情况来看，篡改、伪造自动监测数据往往伴随着超标超总量排放污染物的情况，办理此类案件原则上应当坚持全面调查，进行采样监测和自动监测设备比对监测。

采样监测是对篡改、伪造自动监测数据这一行为结果的认定，而非对其具体行为的认证。因此，在未进行采样监测时，可通过复刻或者解除当事人违法行为的方式，观察监测数据是否产生明显波动，来佐证其是否符合篡改、伪造数据的情形。

四、案件点评

生态环境监测数据质量是生态环境保护的"生命线"。近两年，生态环境部持续组织打击自动在线监测设备弄虚作假违法行为。2020 年《中华人民共和国刑法修正案（十一）》将环境监测弄虚作假列入刑法。2021 年，生态环境部印发《"十四五"生态环境监测规划》，进一步要求"完善监测数据弄虚作假等违法行为管理约束和调查处理机制，对数据造假行为严查严罚，确保监测数据真实、准确"。生态环境部、最高人民检察院、公安部在全国联合开展"打击危险废物环境违法犯罪和重点排污单位自动监测数据弄虚作假违法犯罪专项行动"，采用大数据分析、突击检查等方式重点打击排污单位和运维单位、人员实施或者参与篡改伪造自动监测数据或者干扰自动监测设施行为，对重点案件开展专案经办，依法从重处罚。以上充分表明国家坚决打击自动监测数据弄虚作假行为的严厉态度。

五、相关法条

◆《中华人民共和国大气污染防治法》

第二十条第二款：禁止通过偷排、篡改或者伪造监测数据、以逃避现场检查为目的的临时停产、非紧急情况下开启应急排放通道、不正常运行大气污染防治设施等逃避监管的方式排放大气污染物。

第九十九条第三项：违反本法规定，有下列行为之一的，由县级以上人民政府环境保护主管部门责令改正或者限制生产、停产整治，并处十万元以上一百万元以下的罚款；情节严重的，报经有批准权的人民政府批准，责令停业、关闭；（三）通过逃避监管的方式排放大气污染物的。

◆《中华人民共和国环境保护法》

第四十二条第四款：严禁通过暗管、渗井、渗坑、灌注或者篡改、伪造监测数据，或者不正常运行防治污染设施等逃避监管的方式违法排放污染物。

第六十三条第三项：企业事业单位和其他生产经营者有下列行为之一，尚不构成犯罪的，除依照有关法律法规规定予以处罚外，由县级以上人民政府环境保护主管部门或者其他有关部门将案件移送公安机关，对其直接负责的主管人员和其他直接责任人员，处十日以上十五日以下拘留；情节较轻的，处五日以上十日以下拘留；（三）通过暗管、渗井、渗坑、灌注或者篡改、伪造监测数据，或者不正常运行防治污染设施等逃避监管的方式违法排放污染物的。

◆《行政主管部门移送适用行政拘留环境违法案件暂行办法》

第六条：《环境保护法》第六十三条第三项规定的通过篡改、伪造监测数据等逃避监管的方式违法排放污染物，是指篡改、伪造用于监控、监测污染物排放的手工及自动监测仪器设备的监测数据，包括以下情形：（一）违反国家规定，对污染源监控系统进行删除、修改、增加、干扰，或者对污染源监控系统中存储、处理、传输的数据和应用程序进行删除、修改、增加，造成污染源监控系统不能正常运行的；（二）破坏、损毁监控仪器站房、通讯线路、信息采集传输设备、视频设备、电力设备、空调、风机、采样泵及其他监控设施的，以及破坏、损毁监控设施采样管线，破坏、损毁监控仪器、仪表的；（三）稀释排放的污染物故意干扰监测数据的；（四）其他致使监测、监控设施不能正常运行的情形。

第二部分

PART TWO

水污染典型案例
及其要点解析

◎ 案例类型：未按照规定预处理，向污水集中处理设施排放不符合要求的工业废水

案例 10
某冷链物流有限公司向污水集中处理设施排放不符合处理工艺要求的工业废水案

一、案情简介

2021 年 2 月 25 日，某市生态环境局执法人员对某冷链物流有限公司开展了现场执法检查，发现该公司正在生产，生产废水经污水处理站预处理后排入某污水处理厂。监测人员对该公司预处理后的外排废水进行采样监测，《监测报告》显示外排废水中 COD 浓度为 5076 mg/L，超过某污水处理厂纳管进水标准《污水排放综合标准》（GB 8978—1996 三级标准）的 9.2 倍，不符合某污水处理厂处理工艺要求。

二、案件查处

某冷链物流有限公司的行为违反了《中华人民共和国水污染防治法》第四十五条第三款规定，依据《中华人民共和国水污染防治法》第八十三条第四项规定，某市生态环境局责令该公司改正违法行为，并处以罚款 33.62 万元。

三、案件解析

1. "超标排放水污染物"与"向污水集中处理设施排放不符合处理工艺要求的工业废水"的区别？

关于案涉违法行为的法律适用，对比《中华人民共和国水污染防治法》第八十三条第二项和第四项规定，核心在于排污单位是否直排至外环境，第八十三条第二项适用范围为排污单位直接向外环境超标排放水污染物，且客观上不存在后续达标处置措施的情形。第八十三条第四项适用范围为排污单位向厂界外排放水污染物，因其流向的特定性，该水污染物到达外环境之前还需经过污水集中处理设施处理，经处理后再直排外环境的情形。

2. 在企业约定的纳管进水标准与国家标准不一致时，应当如何适用？

《国家水污染物排放标准制订技术导则》（HJ 945.2—2018）规定：如果排向城镇污水

集中处理设施，应根据行业污水特征、污染防治技术水平以及城镇污水集中处理设施处理工艺确定间接排放限值，原则上其间接排放限值不宽于《污水排放综合标准》（GB 8978—1996）规定的相应间接排放限值，但对于可生化性较好的农副食品加工工业等污水，可执行协商限值。同时，根据生态环境部《关于进一步规范城镇（园区）污水处理环境管理的通知》的规定，在责任明晰的基础上，运营单位和纳管企业可以对工业污水协商确定纳管浓度，报送生态环境部门并依法载入排污许可证后，作为监督管理依据。

《中华人民共和国水污染防治法》第四十五条第三款规定："向污水集中处理设施排放工业废水的，应当按照国家有关规定进行预处理，达到集中处理设施处理工艺要求后方可排放。"该条核心在于"达到集中处理设施处理工艺要求"，若排污单位与污水处理厂约定进水标准，且该进水标准符合集中处理设施处理工艺要求的，则应当依法予以认可。

四、案件点评

向污水集中处理设施排放工业废水的，需要符合处理工艺要求，反之则可能导致污水集中处理设施处理后的污水无法达标排放。未按照规定进行预处理，向污水集中处理设施排放不符合处理工艺要求的工业废水，该违法行为的构成并不以污水集中处理设施处理后的污水超标排放为条件。也就是说，违反《中华人民共和国水污染防治法》规定，未按照规定进行预处理，向污水集中处理设施排放不符合处理工艺要求的工业废水的，无论污水集中处理设施处理后的污水是否达标排放，均属违法行为。在此立法背景下，可以进一步明确划分排污企业、污水处理厂的污染治理责任，督促其履行各自的水污染物防治责任，行政处罚也更符合合理性要求。

五、相关法条

◆《中华人民共和国水污染防治法》

第四十五条第三款：向污水集中处理设施排放工业废水的，应当按照国家有关规定进行预处理，达到集中处理设施处理工艺要求后方可排放。

第八十三条：违反本法规定，有下列行为之一的，由县级以上人民政府环境保护主管部门责令改正或者责令限制生产、停产整治，并处十万元以上一百万元以下的罚款；情节严重的，报经有批准权的人民政府批准，责令停业、关闭：（一）未依法取得排污许可证排放水污染物的；（二）超过水污染物排放标准或者超过重点水污染物排放总量控制指标排放水污染物的；（三）利用渗井、渗坑、裂隙、溶洞，私设暗管，篡改、伪造监测数据，或者不正常运行水污染防治设施等逃避监管的方式排放水污染物的；（四）未按照规定进行预处理，向污水集中处理设施排放不符合处理工艺要求的工业废水的。

◎ 案例类型：超标排放水污染物

案例 11
某纸业有限公司超标排放水污染物案

一、案情简介

2021 年 7 月 5 日，某市生态环境局执法人员在巡查重点污染源自动监控与基础数据库系统时，发现某纸业有限公司 2021 年 7 月 3 日废水总排口监控点的总氮自动监控数据日均值为 13.29 mg/L（修正值 12.567 mg/L），超过《制浆造纸工业水污染物排放标准》（GB 3544—2008）规定的总氮浓度限值。执法人员立即前往现场开展调查，同步委托第三方检测公司对废水自动监控水质自动采样器中留存的水样进行提取检测，并对废水自动监控设备进行比对检测。留存的水样检测结果显示，其总氮浓度为 13.7 mg/L，与自动监控设备数值 13.29mg/L 接近，均超过国家规定的总氮浓度限值。自动监控设备比对检测报告显示，总氮质控样和实际水样比对检测结果符合评价标准。

二、案件查处

某纸业有限公司的行为违反了《中华人民共和国水污染防治法》第十条规定，依据《中华人民共和国水污染防治法》第八十三条第二项规定，某市生态环境局责令该公司立即改正违法行为，并处以罚款 10 万元。

三、案件解析

1. 废水自动监测留样器中留存水样检测结果能否作为定案证据？

根据《环境行政处罚办法》第三十六条规定"环境保护主管部门可以利用在线监控或者其他技术监控手段收集违法行为证据。经环境保护主管部门认定的有效性数据，可以作为认定违法事实的证据"，故自动监测数据可以作为环境行政处罚的证据，但需要对其数据的有效性进行认定。

目前，自动监控留样器中留存水样的采集方式、贮存条件等能否作为定案证据尚无相关规定，但留存水样的检测结果能客观反映案发时是否超标排放水污染物的事实，并印证自动监控设备的正常运行，故废水自动监测留样器中的留存水样可作为证据链重要的一个环节来印证自动监测数据的有效性，进而证明企业水污染物达标排放情况。

2. 如何认定自动监测数据的有效性？

《污染物排放自动监测设备标记规则》规定，排污单位是审核确认自动监测数据有效性的责任主体，应当按照规则确认自动监测数据的有效性。一般情况下，每日 12 时前完成前一日自动监测数据的人工标记，逾期则视为对自动监测数据的有效性无异议。依据规则标记为无效的自动监测数据，不作为判定污染物排放是否超过相关标准的依据。依据工况标记规则标记为非正常工况，并且生产设施、污染防治设施运行达到生态环境保护相关标准、规范性文件要求的，限定时间内的自动监测数据不作为判定污染物排放是否超过相关标准的依据。生活垃圾焚烧发电、火力发电、水泥制造和造纸等行业应直接适用该规则，其他行业可以参照适用。在执法调查过程中，可以依据排污单位的标记认定自动监测数据的有效性，同时应对"自动监测设备维护"标记的情况进行取证核实。

四、案件点评

以废水自动监测超标数据作为认定违法事实的主要证据，以留样器留存水样检测数据、自动监控设备运维记录、自动监控设备比对检测结果、企业生产情况和污染防治设施运行情况等证据来印证自动监控设备数据的真实性、准确性，探索以现场核查与非现场执法衔接形成证据链，进一步强化证据的证明力，锁定企业超标排放水污染物的违法事实，这为今后非现场执法方式提供了新思路。

五、相关法条

◆《中华人民共和国水污染防治法》

第十条：排放水污染物，不得超过国家或者地方规定的水污染物排放标准和重点水污染物排放总量控制指标。

第八十三条第二项：违反本法规定，有下列行为之一的，由县级以上人民政府环境保护主管部门责令改正或者责令限制生产、停产整治，并处十万元以上一百万元以下的罚款；情节严重的，报经有批准权的人民政府批准，责令停业、关闭：（二）超过水污染物排放标准或者超过重点水污染物排放总量控制指标排放水污染物的。

◆《环境行政处罚办法》

第三十六条：环境保护主管部门可以利用在线监控或者其他技术监控手段收集违法行为证据。经环境保护主管部门认定的有效性数据，可以作为认定违法事实的证据。

案例类型：通过私设暗管的方式逃避监管排放水污染物

案例 12
某酒坊通过私设暗管的方式逃避监管排放水污染物案

一、案情简介

2021 年 3 月 10 日，某市生态环境局执法人员对某酒坊进行现场检查，发现该酒坊正在生产，有生产废水流入废水收集池中，池中废水呈红褐色，收集池旁有一土坑被塑料袋遮盖。清除塑料袋后发现有一根直径约 10 厘米安装有阀门的黑色管道与收集池相连。该黑色管道另一端埋入地下最终接入城镇污水管网，收集池中的废水通过该管道排入污水管网。执法人员随即委托某区环境监测站对残留在污水管网里的废水进行采样监测。监测报告显示，污水管网转接口残留废水的特征污染物氨氮的浓度为 56.9 mg/L。

二、案件查处

某酒坊的行为违反了《中华人民共和国水污染防治法》第三十九条和《中华人民共和国环境保护法》第四十二条第四款规定，依据《中华人民共和国水污染防治法》第八十三条第三项和《中华人民共和国环境保护法》第六十三条第三项规定，某市生态环境局责令该酒坊改正违法行为，处以罚款 29.12 万元，并将该案移送公安机关。

三、案件解析

1. "私设暗管逃避监管排污"与"未按规定设置排污口"如何区分？

首先，主观目的不同。私设暗管逃避监管排污，排污者在主观上存在偷排、逃避监管的故意；未按规定设置排污口，其主观是故意和过失的混合形态，在办理具体案件时不必过分强调排污单位的主观心态，排污口的设置只要违反了法律法规的规定即违法。其次，行为表现不同。私设暗管逃避监管偷排污染物，需要当事人实施了排放污染物的行为。未按规定设置排污口，则不以当事人实施排放污染物行为为要件，只要排污口的数量、位置、去向等不符合环评、排污许可证、相应技术规范的要求即违法。

2. 办理"逃避监管排放水污染物"案件时，调查取证的重点是什么？

逃避监管方式排放污染物这一违法行为较为特殊，《中华人民共和国环境保护法》《中华人民共和国水污染防治法》《中华人民共和国大气污染防治法》等法律均在法条中直接使用了"逃避监管"这一表述。所谓"逃避"是指想方设法避开,从立法的文义上看"逃避监管"在主观上即为故意。也就是说,此种违法行为,立法者在设定行政违法行为的法律责任方面已经将违法者的主观心态考虑其中。因此,关于逃避监管排放污染物这一违法行为的调查取证不同于普通环境违法行为的办理思路。执法人员不仅要收集违法行为客观方面的证据,还需收集违法行为主观方面的证据,证明排污单位有逃避监管的主观故意。

四、案件点评

以私设暗管的方式逃避监管排放水污染物的违法行为隐蔽性强、调查难度大,生态环境主管部门要坚持线上和线下监管相结合,加大巡查、排查力度。执法人员日常执法检查过程中要时刻保持敏锐性,深挖细查,不放过任何疑点,提升发现问题的能力,做到发现一起坚决查处一起,严厉打击此类违法行为。

五、相关法条

◆ 《中华人民共和国水污染防治法》

第三十九条:禁止利用渗井、渗坑、裂隙、溶洞,私设暗管,篡改、伪造监测数据,或者不正常运行水污染防治设施等逃避监管的方式排放水污染。

第八十三条第三项:违反本法规定,有下列行为之一的,由县级以上人民政府环境保护主管部门责令改正或者责令限制生产、停产整治,并处十万元以上一百万元以下的罚款;情节严重的,报经有批准权的人民政府批准,责令停业、关闭:(三)利用渗井、渗坑、裂隙、溶洞,私设暗管,篡改、伪造监测数据,或者不正常运行水污染防治设施等逃避监管的方式排放水污染物的。

◆ 《中华人民共和国环境保护法》

第四十二条第四款:严禁通过暗管、渗井、渗坑、灌注或者篡改、伪造监测数据,或者不正常运行防治污染设施等逃避监管的方式违法排放污染物。

第六十三条第三项:企业事业单位和其他生产经营者有下列行为之一,尚不构成犯罪的,除依照有关法律法规规定予以处罚外,由县级以上人民政府环境保护主管部门或者其他有关部门将案件移送公安机关,对其直接负责的主管人员和其他直接责任人员,处十日以上十五日以下拘留;情节较轻的,处五日以上十日以下拘留:(三)通过暗管、渗井、渗坑、灌注或者篡改、伪造监测数据,或者不正常运行防治污染设施等逃避监管的方式违法排放污染物的。

◎ 案例类型：违法向水体排放酸液

案例 13
某汽车运输有限公司违法向水体排放酸液案

一、案情简介

2021 年 1 月 20 日，某市生态环境局接到群众电话举报："某座桥附近有罐车倾倒废液，导致下游河道鱼类死亡。"接到举报后，某市生态环境局执法人员会同监测人员立即前往现场调查处置。经调查，某汽车运输有限公司司机李某和押运人员熊某驾驶危险品运输罐车驶至某街道，在海底阀硫酸结冰的情况下，通过氧焊火焰烘烤加热的方式融化结冰硫酸，同时用临时管道连接卸酸口至旁边下水道内，将罐车海底阀融化后的硫酸液体排入下水道，流入某河流。同时，生态环境监测人员对下水道入河口等水质进行取样监测，监测报告显示，水质均呈酸性。

二、案件查处

某汽车运输有限公司的行为违反了《中华人民共和国水污染防治法》第三十三条第一款规定，依据《中华人民共和国水污染防治法》第八十五条第一款第一项和第二款规定，某市生态环境局责令该公司改正违法行为，并处以罚款 10 万元。

三、案件解析

1. 如何确定用工关系中的行政处罚当事人？

对于存在用工关系的违法行为，可以参照职务行为雇主担责原则，按照《最高人民法院关于适用〈中华人民共和国民事诉讼法〉的解释》第五十二条"法人或者其他组织的工作人员执行工作任务造成他人损害的，该法人或者其他组织为当事人"规定，对职工在履行职务过程中产生的环境违法行为，应由雇主单位承担主体责任。雇主承担主体责任后，可对工作中有故意或者过失的职工，在过错范围内依法追偿。

2. 办理"违法向水体排放酸液"案件时，是否应当移送公安机关？

在办理此类案件过程中，应当重点关注排放的酸液是否属于危险废物以及排放方式、排放量是否达到入刑标准。根据《国家危险废物名录》（2021 年版），废酸的废物类别为 HW34，具体又可细分为 10 多种，依据产生废酸的生产工艺进行分类。根据《最高人民法院、最高人民检察院关于办理环境污染刑事案件适用法律若干问题的解释》第一条第二项、第五项的规定，如果废酸排放量达到 3 吨及以上或者以逃避监管方式排放的，则涉嫌构成刑事犯罪，应当依法进行移送。

四、案件点评

行政处罚法明确了行政处罚的适用对象是公民、法人或其他组织。在所有的行政处罚案件中，精准确定承担违法责任的主体，是案件办理的关键问题之一，直接决定了处罚案件是否合法，也是保证行政执法公平、公正、合理的前提条件。同时，随着社会经济的发展，水污染事故时有发生，也渐渐成为最常见的突发环境事件。如果是人为原因且造成严重后果可能构成污染环境罪的，可追究当事人的刑事责任。

五、相关法条

◆《中华人民共和国水污染防治法》

第三十三条第一款：禁止向水体排放油类、酸液、碱液或者剧毒废液。

第八十五条第一款第一项、第二款：有下列行为之一的，由县级以上地方人民政府环境保护主管部门责令停止违法行为，限期采取治理措施，消除污染，处以罚款；逾期不采取治理措施的，环境保护主管部门可以指定有治理能力的单位代为治理，所需费用由违法者承担：（一）向水体排放油类、酸液、碱液的。

有前款第三项、第四项、第六项、第七项、第八项行为之一的，处二万元以上二十万以下的罚款。有前款第一项、第二项、第五项、第九项行为之一的，处十万元以上一百万元以下的罚款；情节严重的，报经有批准权的人民政府批准，责令停业、关闭。

◆《中华人民共和国行政处罚法》

第三条：公民、法人或者其他组织违反行政管理秩序的行为，应当给予行政处罚的，依照本法由法律、法规或者规章规定，并由行政机关依照本法规定的程序实施。

◆《最高人民法院、最高人民检察院关于办理环境污染刑事案件适用法律若干问题的解释》

第一条　第一项、第五项实施刑法第三百三十八条规定的行为，具有下列情形之一的，应当认定为"严重污染环境"：（二）非法排放、倾倒、处置危险废物三吨以上的；（五）通过暗管、渗井、渗坑、裂隙、溶洞、灌注等逃避监管的方式排放、倾倒、处置有放射性的废物、含传染病病原体的废物、有毒物质的。

案例 14

某工业园区污水处理厂以篡改、伪造监测数据的方式逃避监管排放水污染物和超标排放水污染物案

一、案情简介

2021 年 3 月 30 日，某省生态环境厅执法人员通过视频监控系统发现某工业园区污水处理厂白天排水量较少，夜间则持续 2～4 小时排放大量黑色污水，但在线监测数据显示未超标，涉嫌作假。3 月 31 日，执法人员会同监测人员对该厂开展突击检查。检查时该厂正常运行，废水总排口正在排水，排口 COD、氨氮、总磷、总氮四台自动监测设备正在运行，设备采样管均插入站房外盛装"干净"水样的矿泉水瓶和水桶中，监测数据均显示达标，并上传生态环境部门监控平台。监测人员同步对该厂外排水进行采样监测，监测报告显示：COD、总磷、汞的浓度分别为 1110 mg/L、5.26 mg/L、1.7×10^{-3} mg/L，超过《城镇污水处理厂污染物排放标准》（GB 18918—2002）规定排放限值的 21.2 倍、9.5 倍和 0.7 倍。

二、案件查处

某工业园区污水处理厂超标排放水污染物的行为违反了《中华人民共和国水污染防治法》第十条规定，依据《中华人民共和国水污染防治法》第八十三条第二项规定，某省生态环境厅责令该厂改正违法行为，并处以罚款 76.15 万元。

某工业园区污水处理厂以篡改、伪造监测数据逃避监管的方式排放水污染物的行为，违反了《排污许可管理条例》第十九条第二款和《中华人民共和国环境保护法》第四十二条第四款规定，依据《排污许可管理条例》第三十四条第二项，第四十四条第二项和《中华人民共和国环境保护法》第六十三条第三项规定，某省生态环境厅责令该厂改正违法行为，处以罚款 65 万元，并将案件移送公安机关。

三、案件解析

1. 现场即时采样的监测数据是否可以作为执法证据？

《环境行政处罚办法》第三十七条规定："环境保护主管部门在对排污单位进行监督检查时，可以现场即时采样，监测结果可以作为判定污染物排放是否超标的证据。"同时，

2018 年 11 月 5 日，生态环境部《关于环境行政处罚即时采样问题的复函》（环办法规函〔2018〕1246 号）中明确："现场即时采样是指现场检查时可以采取一个样品进行监测，监测的结果可以作为判定污染物排放是否超标的证据。"需要注意的是，样品的采集需按照相关技术规范进行。

2. 篡改、伪造监测数据逃避监管排污的违法行为是否以超标排污为前提条件？

"篡改、伪造监测数据逃避监管排污"与"超标排污"是两个不同的违法行为，"篡改、伪造监测数据逃避监管排污"是行为违法，"超标排污"是结果违法。篡改、伪造监测数据逃避监管排放污染物违法行为的认定不以当事人排放污染物是否超标为前提，在排放污染物的过程中实施了篡改、伪造自动监测数据的行为，不论排放的污染物是否超标，均应当认定为篡改、伪造监测数据逃避监管排放污染物的违法行为。

四、案件点评

自动监测系统相关技术规范较复杂，专业性强，对执法人员的现场执法能力要求较高。自动监测数据能直接反映排污单位生产或者治理设施运行情况，现场检查时要以自动监测数据异常为突破口，将自动监测数据、DCS 系统数据进行关联分析，推算排污单位生产、污染治理和污染物排放相关性，排查出偷排、超标、不正常运行污染治理设施，甚至篡改监测数据等违法行为。全面提高固定污染源远程监测监控自动化、标准化、信息化水平，是当前和今后一个时期强化固定污染源监管执法能力建设的重要举措。

五、相关法条

◆《中华人民共和国水污染防治法》

第十条：排放水污染物，不得超过国家或者地方规定的水污染物排放标准和重点水污染物排放总量控制指标。

第八十三条第二项：违反本法规定，有下列行为之一的，由县级以上人民政府环境保护主管部门责令改正或者责令限制生产、停产整治，并处十万元以上一百万元以下的罚款；情节严重的，报经有批准权的人民政府批准，责令停业、关闭：（二）超过水污染物排放标准或者超过重点水污染物排放总量控制指标排放水污染物的。

◆《排污许可管理条例》

第十九条第二款：排污单位应当对自行监测数据的真实性、准确性负责，不得篡改、伪造。

第三十四条第二项：违反本条例规定，排污单位有下列行为之一的，由生态环境主管部门责令改正或者限制生产、停产整治，处 20 万元以上 100 万元以下的罚款；情节严重的，吊销排污许可证，报经有批准权的人民政府批准，责令停业、关闭：（二）通过暗管、渗井、渗坑、灌注或者篡改、伪造监测数据，或者不正常运行污染防治设施等逃避监管的方式违法排放污染物。

第四十四条第二项：排污单位有下列行为之一，尚不构成犯罪的，除依照本条例规定予以处罚外，对其直接负责的主管人员和其他直接责任人员，依照《中华人民共和国环境保护法》的规定处以拘留：（二）通过暗管、渗井、渗坑、灌注或者篡改、伪造监测数据，或者不正常运行污染防治设施等逃避监管的方式违法排放污染物。

◆《中华人民共和国环境保护法》

第四十二条第四款：严禁通过暗管、渗井、渗坑、灌注或者篡改、伪造监测数据，或者不正常运行防治污染设施等逃避监管的方式违法排放污染物。

第六十三条第三项：企业事业单位和其他生产经营者有下列行为之一，尚不构成犯罪的，除依照有关法律法规规定予以处罚外，由县级以上人民政府环境保护主管部门或者其他有关部门将案件移送公安机关，对其直接负责的主管人员和其他直接责任人员，处十日以上十五日以下拘留；情节较轻的，处五日以上十日以下拘留：（三）通过暗管、渗井、渗坑、灌注或者篡改、伪造监测数据，或者不正常运行防治污染设施等逃避监管的方式违法排放污染物的。

第三部分

土壤、固废污染典型案例及其要点解析

◎ 案例类型：未履行土壤污染风险管控和修复义务

案例 15
某化工有限责任公司未履行土壤污染风险管控和修复义务案

一、案情简介

2020 年 4 月 22 日，某区管委会生态环境和城市管理局执法人员对某化工有限责任公司原址场地土壤污染治理情况开展调查，该公司提供的 2018 年 3 月《原址场地环境风险调查及定性评估报告》、2019 年 1 月《原址场地环境风险详细调查及定量评估报告》显示，该公司原址场地（现已拆除）部分区域存在氰化物和酸碱污染。现场检查时，该公司未对原址场地土壤污染进行修复，仅对土壤污染区域进行打围处理。

二、案件查处

某化工有限责任公司的行为违反了《中华人民共和国土壤污染防治法》第四十五条第一款规定，依据《中华人民共和国土壤污染防治法》第九十四条第一款第四项规定，某区管委会生态环境和城市管理局责令该公司改正违法行为，并处以罚款 7.4 万元。

三、案件解析

1. 办理"未履行土壤污染风险管控和修复义务"案件时，如何确定实施土壤风险管控和修复的责任主体？

"风险管控和修复"，具体指土壤污染状况调查和土壤污染风险评估、风险管控、修复、风险管控效果评估、修复效果评估、后期管理等活动。土壤污染责任承担主体，应遵循"谁污染，谁担责"的原则，造成土壤污染的单位或者个人要承担治理与修复的主体责任。责任主体发生变更的，由变更后继承其债权、债务的单位或者个人承担相关责任；土地使用权依法转让的，由土地使用权受让人或者双方约定的责任人承担相关责任。土壤污染责任人无法认定的，由土地使用权人承担土壤污染风险管控和修复责任。土壤污染责任人不明确或者存在争议的，农用地由地方人民政府农业农村、林业草原主管部门会同生态环境、自然资源主管部门认定，建设用地由地方人民政府生态环境主管部门会同自然资源主管部门认定。土地使用权已经被地方人民政府收回且土壤污染责任人为原土地使用权人的，由所在地人民政府依法承担相关责任。

2. 企业事业单位进行拆除行为时，是否需要采取土壤污染防治措施？

依据《中华人民共和国土壤污染防治法》第二十二条规定：企业事业单位拆除设施、设备或者建筑物、构筑物的，应当采取相应的土壤污染防治措施；土壤污染重点监管单位拆除设施、设备或者建筑物、构筑物的，应当制定包括应急措施在内的土壤污染防治工作方案，报地方人民政府生态环境、工业和信息化主管部门备案并实施。

3. 土壤污染修复是否可以实施代履行？

代履行是指义务人不履行法律、法规等规定或者具体行政行为所确立的可代替作为义务，由行政主体或者第三人代为履行，并向义务人征收必要费用的行政强制执行方式。《中华人民共和国行政强制法》第五十条规定："行政机关依法作出要求当事人履行排除妨碍、恢复原状等义务的行政决定，当事人逾期不履行，经催告仍不履行，其后果已经或者将危害交通安全、造成环境污染或者破坏自然资源的，行政机关可以代履行，或者委托没有利害关系的第三人代履行。"

当事人对代履行本身有争议，拒绝缴纳代履行费用，首先应当通过行政复议和行政诉讼途径解决，当事人既不申请行政复议也不提起行政诉讼的，可以作为金钱给付义务申请法院强制执行。

四、案件点评

为扎实推进"净土"保卫战，任何组织和个人都有保护土壤、防止土壤污染的义务，各级生态环境主管部门应将土壤污染防治纳入日常环境监管执法计划，对土壤污染领域的典型违法案件严厉查处，引导相关社会组织积极参与土壤污染防治，共同推动土壤污染防治法的有效实施。用最严格的制度、最严密的法制，防治土壤污染，保障公众健康，促进经济社会可持续发展。

五、相关法条

◆《中华人民共和国土壤污染防治法》

第二十二条第一款：企业事业单位拆除设施、设备或者建筑物、构筑物的，应当采取相应的土壤污染防治措施。

第四十五条第一款：土壤污染责任人负有实施土壤污染风险管控和修复的义务。土壤污染责任人无法认定的，土地使用权人应当实施土壤污染风险管控和修复。

第九十四条第一款第四项：违反本法规定，土壤污染责任人或者土地使用权人有下列行为之一的，由地方人民政府生态环境主管部门或者其他负有土壤污染防治监督管理职责的部门责令改正，处二万元以上二十万元以下的罚款；拒不改正的，处二十万元以上一百万元以下的罚款，并委托他人代为履行，所需费用由土壤污染责任人或者土地使用权人承担；对直接负责的主管人员和其他直接责任人员处五千元以上二万元以下的罚款：（四）未按照规定实施修复的。

◆《中华人民共和国行政强制法》

第五十条：行政机关依法作出要求当事人履行排除妨碍、恢复原状等义务的行政决定，当事人逾期不履行，经催告仍不履行，其后果已经或者将危害交通安全、造成环境污染或者破坏自然资源的，行政机关可以代履行，或者委托没有利害关系的第三人代履行。

案例 16
某燃气设备有限公司未采取相应防范措施，造成危险废物流失、渗漏案

一、案情简介

2020 年 9 月 28 日，某市某区生态环境局接某街道办环保办通报，某燃气设备有限公司的废切削液渗漏进土壤，执法人员立即对该公司进行了现场检查，发现该公司固体废物暂存场所未采取相应防范措施，造成废切削液（HW09）流失、渗漏到低洼裸露土壤内造成污染。

二、案件查处

某燃气设备有限公司的行为违反了《中华人民共和国固体废物污染环境防治法》第二十条第一款规定，依据《中华人民共和国固体废物污染环境防治法》第一百一十二条第一款第十项、第二款和第一百二十条第六项规定，某市生态环境局责令该公司改正违法行为，处以罚款 60 万元，并将该案移交公安机关。

三、案件解析

1. 危险废物流失、渗漏时，是否需要对污染土壤进行检测？

《中华人民共和国土壤污染防治法》规定发生突发事件可能造成土壤污染的，地方人民政府及其有关部门和相关企业事业单位以及其他生产经营者应当立即采取应急措施，防止土壤污染，并依照本法规定做好土壤污染状况监测、调查和土壤污染风险评估、风险管控、修复等工作。因此，若存在危险废物流失、渗漏疑似造成土壤污染的情形时，不能仅"一罚了之"，还需要对污染土壤进行检测，及时采取应急措施，防止造成更大危害。

2. 在查处"危险废物流失、渗漏"案件中，调查取证的重点是什么？

首先，查实企业应当采取何种相应防范措施，是否遵守《危险废物贮存污染控制标准》（GB 18597—2001）；是否按照危险废物特性分类收集、分区贮存；盛装危险废物的容器材质和衬里是否与危险废物相容，容器和包装物是否有破损、泄漏和其他缺陷；是否混存不相容的危险废物，是否将危险废物混入非危险废物中贮存等。其次，对危险废物流失、渗

漏的地点进行现场检查，查看企业危险废物管理台账、管理平台填报信息等资料，锁定危险废物类别及数量。最后，调查案涉危险废物产生源头，流失、渗透时间，流失、渗透方式，及违法行为的参与人员。

3. 未采取相应防范措施,造成危险废物流失、渗漏的,是否应当移送公安机关？

《中华人民共和国固体废物污染环境防治法》第一百二十条对适用行政拘留的情形进行了新增，未采取相应防范措施，造成危险废物扬散、流失、渗漏是其中情形之一，增加了违法成本，对违法行为人而言，除了罚款等经济罚外，人身自由罚更具有威慑力。

四、案件点评

生态环境主管部门要不断加大固体废物污染环境防治法的宣传力度，增强企业知法、懂法、守法意识，夯实企业主体责任。在办理案件中，要注意处罚结果与违法行为危害程度相当，严格按照行政执法程序，加强与公安机关联动执法机制，形成打击环境违法行为的合力。在执行法律法规或者掌握标准时，不放松、不走样，做到执法必严、违法必究，切实筑牢生态环境安全底线。

五、相关法条

◆《中华人民共和国固体废物污染环境防治法》

第二十条第一款：产生、收集、贮存、运输、利用、处置固体废物的单位和其他生产经营者，应当采取防扬散、防流失、防渗漏或者其他防止污染环境的措施，不得擅自倾倒、堆放、丢弃、遗撒固体废物。

第一百一十二条第一款第十项、第二款：违反本法规定，有下列行为之一，由生态环境主管部门责令改正，处以罚款，没收违法所得；情节严重的，报经有批准权的人民政府批准，可以责令停业或者关闭：（十）未采取相应防范措施，造成危险废物扬散、流失、渗漏或者其他环境污染的。

有前款第一项、第二项、第五项、第六项、第七项、第八项、第九项、第十二项、第十三项行为之一，处十万元以上一百万元以下的罚款；有前款第三项、第四项、第十项、第十一项行为之一，处所需处置费用三倍以上五倍以下的罚款，所需处置费用不足二十万元的，按二十万元计算。

第一百二十条第六项：违反本法规定，有下列行为之一，尚不构成犯罪的，由公安机关对法定代表人、主要负责人、直接负责的主管人员和其他责任人员处十日以上十五日以下的拘留；情节较轻的，处五日以上十日以下的拘留：（六）未采取相应防范措施，造成危险废物扬散、流失、渗漏或者其他严重后果的。

案例 17
某石材雕塑厂未按照国家有关规定制定危险废物管理计划、未申报危险废物有关资料案

一、案情简介

2021 年 7 月 10 日，某市生态环境局执法人员对某石材雕塑厂进行了现场检查，发现该厂在生产经营过程中，产生的废机油属于《国家危险废物名录》（2021 年版）中规定的危险废物，废物类别为 HW08，未制定危险废物管理计划，也未申报危险废物有关资料。

二、案件查处

某石材雕塑厂的行为违反了《中华人民共和国固体废物污染环境防治法》第七十八条第一款规定，依据《中华人民共和国固体废物污染环境防治法》第一百一十二条第一款第二项和第二款规定，某市生态环境局责令该公司改正违法行为，并处以罚款 10 万元。

三、案件解析

1. 危险废物管理计划和申报的监管重点是什么？

危险废物产生单位从危险废物的产生到最终处置全过程，应按照国家有关规定制定和执行危险废物管理计划。为此，生态环境部制定了《危险废物产生单位管理计划制定指南》，针对危险废物管理计划的基本原则，制定单位、制定形式、制定时限，及计划的主要内容（如基本信息，包括危险废物产生环节，转移环节、利用处置环节在内的过程管理，环境监测和上年度计划实施情况回顾），台账管理提出了指导性意见。危险废物产生单位应当在制定危废管理计划时充分进行参考。

实践中，要注意管理计划与申报的区别，管理计划是指产废单位要在每年年初制定本年度危险废物管理计划，申报是指产废单位要在每年年初对上一年度危险废物的种类、产生量、流向、贮存、处置等有关资料进行报备。

2. 固体废物污染环境防治法补增和完善的违反管理制度的违法行为有哪些?

为实现对危险废物管理的全覆盖监督管理,固体废物污染环境防治法补增和完善了违反管理制度的违法行为种类,包括将"不设置危险废物识别标志的"扩充为"未按照规定设置危险废物识别标志的",增加"擅自倾倒、堆放危险废物""未按照国家环境保护标准贮存、利用、处置危险废物""未按照国家有关规定建立危险废物管理台账并如实记录"等违法行为。

3. 在办理涉危险废物案件中,调查取证的重点是什么?

执法人员要以管理责任制、申报登记、管理计划备案、识别标志设置、管理台账、转移申请、转移联单、应急预案等制度的执行情况以及危险废物贮存(处置、利用)设施维护保养等情况为检查重点,具体如下:① 污染环境防治责任制度。企业应建立管理网络、明确职责分工。② 标识制度。容器和包装桶识别标志、贮存场所标识等。③ 管理计划。检查前应预先了解生态环境部门是否已收到拟检查单位上报的危险废物管理计划。通过该计划可以对企业危废管理情况有初步了解。应与环评材料中相关内容进行对照,如有较大出入的应要求企业给出合理解释。④ 危废是否进行申报登记。⑤ 源头分类制度。不同种类危险废物必须分类分区存放,加贴标签,不同贮存区设置标志牌。⑥ 转移联单制度。委外利用处置的,应有相应的审批手续和转移联单。转移审批应符合规定,不能越级审批;检查危废转移时转移联单是否规范填写、单随货走、及时报送,转移联单是否保存齐全;必要时将产生单位与接收单位存档转移联单进行比对,防止虚报、瞒报、漏报;检查危险废物是否按计划转移,是否存在实际转移去向、数量与审批不一致现象,必要时核对原始磅单、发票。⑦ 经营许可证制度。转移危险废物的,必须全部委托给有相应资质的单位。要仔细核实危险废物接收单位是否有资质,资质许可经营范围和有效期,必要时上网查询。委托处置协议应在有效期内。⑧ 贮存设施管理及利用、处置设施管理。

四、案件点评

危险废物具有毒性等一种或者几种危险特性,管理不当会对环境和人体健康造成有害影响。落实产生危险废物单位的主体责任,对危险废物产生、收集、贮存、运输、利用、处置等过程进行严格管理,是国内外危险废物环境管理的通行做法。实施危险废物管理计划和申报制度,可以实现危险废物从产生到最终处置全过程跟踪,对防控危险废物环境风险具有重要作用。同时,生态环境主管部门还应注意督促指导企业及时建立危险废物管理台账,这是实现危险废物可追溯、可查询的重要举措。

五、相关法条

◆《中华人民共和国固体废物污染环境防治法》

第七十八条第一款：产生危险废物的单位，应当按照国家有关规定制定危险废物管理计划；建立危险废物管理台账，如实记录有关信息，并通过国家危险废物信息管理系统向所在地生态环境主管部门申报危险废物的种类、产生量、流向、贮存、处置等有关资料。

第一百一十二条第一款第二项、第二款：违反本法规定，有下列行为之一，由生态环境主管部门责令改正，处以罚款，没收违法所得；情节严重的，报经有批准权的人民政府批准，可以责令停业或者关闭：（二）未按照国家有关规定制定危险废物管理计划或者申报危险废物有关资料的。

有前款第一项、第二项、第五项、第六项、第七项、第八项、第九项、第十二项、第十三项行为之一，处十万元以上一百万元以下的罚款；有前款第三项、第四项、第十项、第十一项行为之一，处所需处置费用三倍以上五倍以下的罚款，所需处置费用不足二十万元的，按二十万元计算。

案例 18

某废矿物油回收有限公司未按照许可证规定从事收集、贮存危险废物经营活动和未按照规定转移危险废物案

一、案情简介

2022 年 1 月 19 日，某省生态环境厅接群众举报"某厂房有黑油车出入，疑似非法跨省转移、处理废油"。根据举报线索，执法人员迅速赶赴现场，联合 A 市、A 区生态环境执法人员共同出击，并同步协调 B 市 B 区生态环境局，对违法线索开展全面调查。

经查，被举报单位某废矿物油回收有限公司，取得了《危险废物经营许可证》，核准经营方式为汽修行业废机油收集，核准经营设施地址 A 市 A 区某街道房间。某废矿物油回收有限公司于 2021 年 7 月租用 A 区某厂房（非《危险废物经营许可证》经营地址），将废矿物油、乳化剂和水等原料通过混合增重后售卖，以获取更大利益。该厂房未采取防渗等污染防治措施，废矿物油"跑冒滴漏"情况严重，A 市 A 区生态环境局委托某环境监测有限公司对某厂房开展了土壤检测，检测结果显示各项指标达到有关标准。另调查核实，某废矿物油回收有限公司于 2022 年 1 月 16 日在 B 市 B 区收集 300 千克废矿物油，未经批准非法跨省转移至 A 市 A 区。

二、案件查处

某废矿物油回收有限公司的行为违反了《中华人民共和国固体废物污染环境防治法》第八十条第二款和第八十二条第一款、第二款规定，依据《中华人民共和国固体废物污染环境防治法》一百一十二条第一款第五项、第二款，第一百一十四条第二款和一百二十条第四项、第五项规定，A 市生态环境局责令该公司改正违法行为，合并处以罚款 91.7 万元，对该公司直接负责人处以罚款 5 万元，并将案件移送公安机关。

三、案件解析

1. 认定当事人"未按许可证规定收集危险废物"的标准是什么？

"未按照许可证规定收集危险废物"是指收集许可范围之内的危险废物时未按照许可

证要求收集，收集方式或者收集的过程中有不符合许可证规定的情形。危险废物收集经营许可证由县级人民政府环境保护主管部门审批颁发和管辖，如经营地址与颁证核准地址发生变化，应当及时上报原发证机关变更手续，未及时上报的，由于其产生了经营地址与许可证不符的违法情形，在实务中，往往将需变更手续而不需重新报批许可证的情形推定为"未按许可证规定"，此时产生的违法经营活动应当认定为"未按许可证规定从事经营活动"。

2. 如何认定"危险废物经营许可证、危险废物收集许可证等许可的核准经营方式"与"收集、贮存、利用、处置等违法行为"之间的关联？

危险废物经营许可证按照经营方式，分为危险废物收集、贮存、处置综合经营许可证和危险废物收集经营许可证。领取危险废物综合经营许可证的单位，可以从事各类别危险废物的收集、贮存、处置经营活动；领取危险废物收集经营许可证的单位，只能从事危险废物收集经营活动。

四、案件点评

危险废物具有腐蚀性、毒性、易燃性、反应性、感染性等危险特性，不按照规定收集、贮存、运输、利用和处置，易造成环境污染。2020 年 9 月 1 日，新修订的《中华人民共和国固体废物污染环境防治法》正式施行，对危险废物管理提出了更为严格的要求，加大了处罚惩戒力度。2021 年，生态环境部、公安部、最高人民检察院联合出文严厉打击危险废物环境违法犯罪行为，充分表明国家严厉打击危险废物环境违法犯罪的坚决态度，涉危险废物企业应当认真履行环境保护主体责任，增强守法意识，提升危废管理水平，实现收集、贮存、收运、利用、处置闭环式管理，严守环保底线，筑牢生态屏障。

五、相关法条

◆《中华人民共和国固体废物污染环境防治法》

第八十条第二款：禁止无许可证或者未按照许可证规定从事危险废物收集、贮存、利用、处置的经营活动。

第八十二条：转移危险废物的，应当按照国家有关规定填写、运行危险废物电子或者纸质转移联单。

跨省、自治区、直辖市转移危险废物的，应当向危险废物移出地省、自治区、直辖市人民政府生态环境主管部门申请。移出地省、自治区、直辖市人民政府生态环境主管部门应当及时商经接受地省、自治区、直辖市人民政府生态环境主管部门同意后，在规定期限内批准转移该危险废物，并将批准信息通报相关省、自治区、直辖市人民政府生态环境主管部门和交通运输主管部门。未经批准的，不得转移。

危险废物转移管理应当全程管控、提高效率，具体办法由国务院生态环境主管部门会同国务院交通运输主管部门和公安部门制定。

第一百一十二条第一款第五项、第二款：违反本法规定，有下列行为之一，由生态环境主管部门责令改正，处以罚款，没收违法所得；情节严重的，报经有批准权的人民政府批准，可以责令停业或者关闭：（五）未按照国家有关规定填写、运行危险废物转移联单或者未经批准擅自转移危险废物的。

有前款第一项、第二项、第五项、第六项、第七项、第八项、第九项、第十二项、第十三项行为之一，处十万元以上一百万元以下的罚款；有前款第三项、第四项、第十项、第十一项行为之一，处所需处置费用三倍以上五倍以下的罚款，所需处置费用不足二十万元的，按二十万元计算。

第一百一十四条第二款：未按照许可证规定从事收集、贮存、利用、处置危险废物经营活动的，由生态环境主管部门责令改正，限制生产、停产整治，处五十万元以上二百万元以下的罚款；对法定代表人、主要负责人、直接负责的主管人员和其他责任人员，处五万元以上五十万元以下的罚款；情节严重的，报经有批准权的人民政府批准，责令停业或者关闭，还可以由发证机关吊销许可证。

第一百二十条第四项、第五项：违反本法规定，有下列行为之一，尚不构成犯罪的，由公安机关对法定代表人、主要负责人、直接负责的主管人员和其他责任人员处十日以上十五日以下的拘留；情节较轻的，处五日以上十日以下的拘留：（四）无许可证或者未按照许可证规定从事收集、贮存、利用、处置危险废物经营活动的；（五）未经批准擅自转移危险废物的。

◆《危险废物经营许可证管理办法》

第六条：申请领取危险废物收集经营许可证，应当具备下列条件：（一）有防雨、防渗的运输工具；（二）有符合国家或者地方环境保护标准和安全要求的包装工具，中转和临时存放设施、设备；（三）有保证危险废物经营安全的规章制度、污染防治措施和事故应急救援措施。

◎ 案例类型：非法倾倒、填埋污泥和危险废物

案例 19
某生物环保科技有限公司非法倾倒、填埋污泥和危险废物污染环境案

一、案情简介

2021年6月8日，生态环境部某督察局向某省生态环境厅通报某生物环保科技有限公司涉嫌非法倾倒、填埋污泥，四川省生态环境保护综合行政执法总队执法人员立即赶赴现场开展调查。经查，2014年至2021年3月，该公司长期租用某生物科技有限公司土地，在未采取任何无害化措施的情况下，以"土壤改良"的名义，将10万余吨生活污水处理厂污泥和230吨灰白色固体废物直接倾倒、填埋于租用土地内。涉案灰白色固体废物为某天然气有限责任公司产生的天然气脱硫产物，经鉴定为危险废物。

二、案件查处

根据《中华人民共和国刑法》第三百三十八条、《最高人民法院 最高人民检察院关于办理环境污染刑事案件适用法律若干问题的解释》第一条第九项和第三条第二项规定，某省生态环境厅将案件线索进行移交，某省公安厅指定某市公安局负责具体侦办。2022年3月16日某市中级人民法院终审判决，某生物环保科技有限公司和某生物科技有限公司犯污染环境罪，分别判处罚金人民币200万元。5名被告人判处有期徒刑3年至6年3个月不等，并处罚金人民币3万元至50万元不等。

三、案件解析

1. 危险废物的鉴别程序是什么？

危险废物的鉴别应按照以下程序进行：首先，依据《固体废物鉴别标准通则》（GB 34330—2017），判断待鉴别的物品、物质是否属于固体废物，不属于固体废物的，则不是危险废物。其次，经判断属于固体废物的，则首先依据《国家危险废物名录》鉴别。凡列入《国家危险废物名录》的固体废物，属于危险废物，不需要进行危险特性鉴别。再次，未列入《国家危险废物名录》，但不排除具有腐蚀性、毒性、易燃性、反应性的固体废物，依据相关技术规范进行鉴别。凡具有腐蚀性、毒性、易燃性、反应性中一种或一种以上危险特性的固体废物，属于危险废物。最后，对未列入《国家危险废物名录》且根据

危险废物鉴别标准无法鉴别，但可能对人体健康或生态环境造成有害影响的固体废物，由国务院生态环境主管部门组织专家认定。

2. 如何妥善处置涉案的危险废物？

（1）组织有资质单位、相关技术专家对涉案危险废物形成处置方案，明确各项费用支出，并落实人员、车辆、处置单位等对涉案危险废物进行清运、处理处置。

（2）清运和处置要制订周密计划，生态环境部门、公安机关和检察机关应充分沟通，在不影响案件后续查办和审查起诉的前提下，启动相关工作，做到危险废物有地方接收暂存、能进行无害化处置、不露天堆存、不引起群众恐慌。处置工作完成后，对案涉场地按规范开展土壤污染状况调查。

（3）因案件查办需要，若原地封存涉案危险废物的，务必高度重视环境风险防范工作。根据现场情况，综合采取表面覆膜、堆体底部挡渣、雨水及地表径流的截流导排、淋溶水或者渗滤液收集处理等措施，密切关注下游水质变化情况，预判环境影响趋势。

3. 如何鉴定造成公私财产损失数额？

目前，关于危险废物涉嫌污染环境罪主要从两个方面来确定，一是非法排放、倾倒、处置危险废物的数量；二是造成公私财产损失金额。对于危险废物的数量认定，可以综合当事人供述，现场调查情况，涉案企业的生产工艺、物耗、能耗情况，危险废物申报与转移情况，以及经批准或者备案的环境影响评价文件等证据作出认定。具体可参考如下步骤：

第一步：判断涉案污染物处置情况。① 在污染物已消除、相关费用已产生的情况下，应优先采用实际产生的费用作为公私财产损失数额。② 在污染物可消除而未消除的情况下，应制定数套备选方案，选取最佳方案，以此为基础对可能产生的公私财产损失进行评估鉴定。

第二步：判断公私财产损失类别。"公私财产损失"，包括实施刑法第三百三十八条、第三百三十九条规定的行为直接造成财产损毁、减少的实际价值，为防止污染扩大、消除污染而采取必要合理措施所产生的费用，以及处置突发环境事件的应急监测费用。判断公私财产损失类别时，不仅要看证据名称，还需通过证据所载明的详细内容，查看该损失类别的实质与损失名称是否吻合，从实质上对损失的属性进行判断。

第三步：在判定证据类别的基础上，根据污染物处置阶段的不同，确立不同的证据审核重点。

（1）对污染物已消除、相关费用已产生的案件，主要从费用的真实性、关联性、合理性方面进行审核。

（2）对污染物尚未开始处置、依据评估鉴定报告确立公私财产损失数额的案件，主要审核内容包括：① 评估鉴定机构及个人是否具备资质；② 评估鉴定程序是否合法；③ 评估鉴定中污染物数量、污染因子等基础资料有无证据支撑；④ 评估鉴定结论确立的公私财产损失与污染行为之间是否具备因果关系。

（3）对污染物处置尚未完成、以招投标数额作为公私财产损失数额依据的案件，主要审核内容包括：① 招投标确立的处置施工单位有无处理污染物对应的相关资质或条件；② 招投标流程是否符合相关法律规定，有无充分竞争；③ 招投标项目与污染物的清除、处置是否具有关联对应性，有无超出合理必要范围；④ 招投标项目所确立的施工方案是否具有可行性；⑤ 招投标项目所确立的处置施工流程是否符合环保、经济原则。

四、案件点评

在日常执法过程中，可加大对各类历史取土场（坑）、矿坑、宕口、复垦地块及污染治理修复活动的关注，重视实际利用或者治理效果，警惕以"土壤改良""矿山修复"等名义违法违规倾倒、填埋固体废物，严厉打击"假治理、真倾倒"行为。相关单位对固体废物用于土地复垦、矿区修复治理或者土地利用等建设项目或者活动的，对照《土地复垦条例》（国务院令第 592 号）、《建设项目环境影响评价分类管理名录（2021 年版）》、《固体废物再生利用污染防治技术导则》（HJ 1091—2020），严格落实管理手续和污染防治措施要求，主动防范固体废物环境污染风险。

五、相关法条

◆《最高人民法院 最高人民检察院关于办理环境污染刑事案件适用法律若干问题的解释》

第一条第九项：实施刑法第三百三十八条规定的行为，具有下列情形之一的，应当认定为"严重污染环境"：（九）违法所得或者致使公私财产损失三十万元以上的。

第三条第二项：实施刑法第三百三十八条、第三百三十九条规定的行为，具有下列情形之一的，应当认定为"后果特别严重"：（二）非法排放、倾倒、处置危险废物一百吨以上的。

◆《中华人民共和国刑法》

第三百三十八条：违反国家规定，排放、倾倒或者处置有放射性的废物、含传染病病原体的废物、有毒物质或者其他有害物质，严重污染环境的，处三年以下有期徒刑或者拘役，并处或者单处罚金；情节严重的，处三年以上七年以下有期徒刑，并处罚金；有下列情形之一的，处七年以上有期徒刑，并处罚金：（一）在饮用水水源保护区、自然保护地核心保护区等依法确定的重点保护区域排放、倾倒、处置有放射性的废物、含传染病病原体的废物、有毒物质，情节特别严重的；（二）向国家确定的重要江河、湖泊水域排放、倾倒、处置有放射性的废物、含传染病病原体的废物、有毒物质，情节特别严重的；（三）致使大量永久基本农田基本功能丧失或者遭受永久性破坏的；（四）致使多人重伤、严重疾病，或者致人严重残疾、死亡的。

有前款行为，同时构成其他犯罪的，依照处罚较重的规定定罪处罚。

第四部分

PART FOUR

建设项目环境监管典型案例及其要点解析

案例 20
某建筑工程有限公司未落实环境影响评价文件提出的污染防治、生态保护等措施案

一、案情简介

2021 年 6 月 27 日，某州生态环境局执法人员对某建筑工程有限公司承担的某工程进行现场检查，发现该工程未按照环评批复要求建设 4 个渣场，仅设置 1 处临时渣场，且临时渣场挡墙建设不到位，导致 8 万方弃渣形成边坡挂渣，部分弃渣流入河道，对河道周边生态造成影响。

二、案件查处

某建筑工程有限公司的行为违反了《四川省环境保护条例》第十九条第二款规定，依据《四川省环境保护条例》第八十一条第四款规定，某州生态环境局责令该公司立即改正违法行为，并处以罚款 18.35 万元。

三、案件解析

1. 如何确定当事人未落实环评文件中污染防治措施和要求？

《四川省环境保护条例》第十九条第二款规定，企业事业单位和其他生产经营者应当落实环境影响评价文件提出的污染防治、生态保护等措施。能否适用该条款，需要核实建设项目环境影响评价文件中要求的污染防治、生态保护措施是否落实。

2. 《四川省环境保护条例》第八十一条第四款的适用范围是什么？

《四川省环境保护条例》第十九条第二款及第八十一条第四款关于环境影响评价的规定，相对于大气污染防治法、水污染防治法、固体废物污染环境防治法等关于污染防治、环境保护的条款，属于一般性规定。该条款在文字表述上的模糊性及其确定的行为模式的抽象性特征，在实践中易发生误用，常见表现为未穷尽具体法律法规径行适用该条款。正确适用该条款，需要遵守以下基本规则：第一，列举条款优先适用规则。即该条款是最后适用条款，只有在其他生态环境保护法律法规没有规定时才能选择适用。第二，符合立法目的规则。适用该条款不得违背立法目的。

四、案件点评

近年来由于个别企业环保意识薄弱，环保法律知识匮乏，重效益、轻环保，追求经济利益最大化，忽视污染防治的现象时有发生。环境执法人员在案件办理过程中，应当做好普法宣传，压实企业主体责任，强化企业生态环境保护意识，督促企业学习环保法律法规，做到知法守法，全面履行环境保护主体责任。

五、相关法条

◆《四川省环境保护条例》

第十九条第二款：企业事业单位和其他生产经营者应当落实环境影响评价文件提出的污染防治、生态保护等措施。

第八十一条第四款：企业事业单位和其他生产经营者未落实环境影响评价文件提出的污染防治、生态保护等措施的，由县级以上地方人民政府环境保护主管部门责令改正，处五万元以上五十万元以下罚款。

◎ 案例类型：建设项目未批先建

案例 21
某集团有限公司未按照规定报批环境影响评价擅自开工建设案

一、案情简介

2021年4月28日，生态环境部某督察局对某集团有限公司所属的某港口作业区散货泊位工程项目进行检查，发现该项目共分两期，第一阶段为某港口作业区散货泊位桩基承台工程，于2018年11月25日完工；第二阶段为某港口散货泊位及配套物流园区基础设施PPP项目，于2020年9月2日建成未投运。检查时，该项目仍未依法报批环境影响评价文件。

二、案件查处

某集团有限公司的行为违反了《中华人民共和国环境影响评价法》第二十五条规定，依据《中华人民共和国环境影响评价法》第三十一条第一款规定，某市生态环境局责令该公司改正违法行为，并处以罚款1677.95万元。

三、案件解析

1. 如何认定未批先建案件中的总投资额？

依据《关于生态环境执法中建设项目"总投资额"认定问题的指导意见（试行）》（环政法〔2018〕85号）规定，以当期工程总投资额作为处罚依据。对项目核准、备案文件中未明确该项目是分期建设的，可以发展改革部门核准、备案的建设项目总投资额作为处罚依据。当备案的项目总投资额与实际情况存在明显差异时，未经审批、核准、备案的建设项目以及产业政策禁止投资建设的建设项目，有行使行政处罚权的主管部门可以委托工程咨询单位、资产评估机构、会计师事务所等专业机构进行评估确定其总投资额；也可以根据实际情况，探索采取要求建设单位有关责任人出具证明文件、第三方询价等方式对建设项目总投资额进行认定。

2. 未批先建违法行为的追溯期限如何确定？

《关于建设项目"未批先建"违法行为法律适用问题的意见》（环政法函〔2018〕31号），对未批先建的违法行为追溯期限有了明确的界定，自建设行为终了之日起二年内未被发现的，生态环境部门应当遵守《中华人民共和国行政处罚法》第三十六条的规定，不予行政处罚。

四、案件点评

随着经济活动范围和规模的不断扩大，区域开发、产业发展和自然资源开发利用所造成的环境影响越来越突出，因建设项目实施所造成的各种环境问题已经成为影响我国可持续发展的重大问题。建设单位在开展经营活动时要慎重考虑相关的环境影响，并采取相应的环境保护措施，从源头上预防环境污染和破坏，根据建设项目的环境影响评价分类管理名录编制相应的环境影响评价文件，并报有审批权的生态环境主管部门审批，不仅可以防止建设项目可能带来的环境破坏，也可以减少事后治理所带来的经济损失和社会矛盾。

五、相关法条

◆《中华人民共和国环境影响评价法》

第二十五条：建设项目的环境影响评价文件未依法经审批部门审查或者审查后未予批准的，建设单位不得开工建设。

第三十一条第一款：建设单位未依法报批建设项目环境影响报告书、报告表，或者未依照本法第二十四条的规定重新报批或者报请重新审核环境影响报告书、报告表，擅自开工建设的，由县级以上生态环境主管部门责令停止建设，根据违法情节和危害后果，处建设项目总投资额百分之一以上百分之五以下的罚款，并可以责令恢复原状；对建设单位直接负责的主管人员和其他责任人员，依法给予行政处分。

◆《中华人民共和国行政处罚法》

第三十六条第一款：违法行为在二年内未被发现的，不再给予行政处罚；涉及公民生命健康安全、金融安全且有危害后果的，上述期限延长至五年。法律另有规定的除外。

案例 22
某物业管理有限责任公司建设项目需要配套建设的环境保护设施未经验收即投入使用案

一、案情简介

2021 年 6 月 8 日，某市生态环境局执法人员对某物业管理有限责任公司某工业固废填埋场项目进行检查，发现该填埋场项目于 2020 年年初开始建设，2021 年 2 月 12 日投运，日均收运工业固废 50 吨，但配套建设的环境保护设施还未竣工验收。

二、案件查处

某物业管理有限责任公司的行为违反了《建设项目环境保护管理条例》第十九条第一款规定，依据《建设项目环境保护管理条例》第二十三条第一款规定，某市生态环境局责令该公司改正违法行为，处以罚款 30.5 万元，并对直接负责的主管人员处以罚款 5 万元。

三、案件解析

1. 环境保护设施"验收期"规定的适用范围有哪些？

根据《建设项目竣工环境保护验收暂行办法》(以下简称《暂行办法》)第十二条规定，验收期适用范围为除需要取得排污许可证的水和大气污染防治设施以外的其他环境保护设施的验收期限一般不超过 3 个月；需要对该类环境保护设施进行调试或者整改的，验收期限可以适当延期，但最长不超过 12 个月。

根据《暂行办法》，建设单位可以对建设项目配套建设的环境保护设施进行调试，但需满足一定条件。因此，执法人员在承办此类案件时，应着重调查建设单位是否遵循如下要求，否则其抗辩理由不能成立：① 建设项目配套建设的环境保护设施进行调试前，应当通过其网站或者其他便于公众知晓的方式，向社会公开调试的起止日期；② 调试期间，建设单位应当对环境保护设施运行情况和建设项目对环境的影响进行监测；③ 建设单位应当确保调试期间污染物排放符合国家和地方有关污染物排放标准及排污许可等相关管理规定。

2. "未验先投"必须进行"双罚"吗？

《建设项目环境保护管理条例》第二十三条规定，违反本条例规定，需要配套建设的环境保护设施未建成、未经验收或者验收不合格，建设项目即投入生产或者使用，应当进行"双罚"。但是"双罚"有例外，根据《最高人民法院关于适用〈中华人民共和国民事诉讼法〉的解释》（法释〔2015〕5 号）第五十九条及《中华人民共和国个人独资企业法》第二条的规定：个体工商户在法律主体上属于个人，个人独资企业的财产为投资人个人所有，投资人以其个人财产对企业债务承担无限责任的经营实体。而根据《中华人民共和国行政处罚法》第二十九条规定：对当事人的同一个违法行为，不得给予两次以上的罚款处罚。若对个体工商户或者个人独资企业实施"双罚"，相当于对经营者或者投资人个人的同一违法行为，进行了两次罚款，有违"一事不二罚"的行政处罚原则。

3. "未验先投"案件的追溯期限如何确定？

"未验先投"行为具有连续性和持续性，建设单位没有按照法律规定的要求组织开展竣工验收就投产，其在生产经营期间就导致"未验先投"状态持续存在，违法行为追诉期限应自完成验收之日起计算。

四、案件点评

《建设项目竣工环境保护验收暂行办法》发布后，建设项目的环境保护验收工作，改为企业自主验收，生态环境主管部门不再参与，这就要求企业提高自身遵法守法意识，按照相关法律法规规定，在建设项目建成投产后，应当尽快开展环保验收工作。

五、相关法条

◆《建设项目环境保护管理条例》

第十九条第一款：编制环境影响报告书、环境影响报告表的建设项目，其配套建设的环境保护设施经验收合格，方可投入生产或者使用；未经验收或者验收不合格的，不得投入生产或者使用。

第二十三条第一款：违反本条例规定，需要配套建设的环境保护设施未建成、未经验收或者验收不合格，建设项目即投入生产或者使用，或者在环境保护设施验收中弄虚作假的，由县级以上环境保护行政主管部门责令限期改正，处 20 万元以上 100 万元以下的罚款；逾期不改正的，处 100 万元以上 200 万元以下的罚款；对直接负责的主管人员和其他责任人员，处 5 万元以上 20 万元以下的罚款；造成重大环境污染或者生态破坏的，责令停止生产或者使用，或者报经有批准权的人民政府批准，责令关闭。

◆《建设项目竣工环境保护验收暂行办法》

第十二条：除需要取得排污许可证的水和大气污染防治设施外，其他环境保护设施的验收期限一般不超过 3 个月；需要对该类环境保护设施进行调试或者整改的，验收期限可以适当延期，但最长不超过 12 个月。

验收期限是指自建设项目环境保护设施竣工之日起至建设单位向社会公开验收报告之日止的时间。

◆《中华人民共和国行政处罚法》

第二十九条：对当事人的同一个违法行为，不得给予两次以上罚款的行政处罚。同一个违法行为违反多个法律规范应当给予罚款处罚的，按照罚款数额高的规定处罚。

第三十六条：违法行为在二年内未被发现的，不再给予行政处罚；涉及公民生命健康安全、金融安全且有危害后果的，上述期限延长至五年。法律另有规定的除外。

前款规定的期限，从违法行为发生之日起计算；违法行为有连续或者继续状态的，从行为终了之日起计算。

◎ 案例类型：环境影响评价弄虚作假

案例 23
某环境影响评价有限公司环境影响评价弄虚作假案

一、案情简介

2019 年 10 月 14 日，生态环境部向某省生态环境厅通报某环境影响评价有限公司涉嫌环境影响评价弄虚作假，执法人员立即赶赴现场开展调查。经查，某公司勘探事业部与某环境影响评价有限公司签订环境影响评价技术服务合同，由某环境影响评价有限公司编制 A 井报告表。A 井报告表中关于场地水文地质条件章节的内容与 B 井报告表的环境现状描述和现状数据完全一致。同时，两个报告表中，地下水环境影响预测与评价中的相关参数完全一致，A 井项目未按照环评导则要求通过现场试验取得，也未能提供相关数据明确出处。两个项目的环境现状调查资料显示，两个项目的建设地点地质条件、场地水文等情况明显不同，A 井报告表中的相关参数取值从 B 井报告表复制的行为违反编制规定。

二、案件查处

某环境影响评价有限公司的行为违反了《中华人民共和国环境影响评价法》第二十条第一款规定，依据《中华人民共和国环境影响评价法》第三十二条规定，某省生态环境厅责令该公司改正违法行为，处以罚款 50.88 万元，并处没收违法所得 16.96 万元；对环评编制主持人兼主编人员处以罚款 5 万元，并禁止 5 年内从事环境影响报告书、环境影响报告表编制工作。

三、案件解析

1. 如何认定环境影响评价抄袭？

生态环境部《关于严惩弄虚作假提高环评质量的意见》（环环评〔2020〕48 号）规定环评文件抄袭的情形主要有：环评文件中项目建设地点、主体工程及其生产工艺明显不属于本项目的；现有工程基本情况、污染物排放及达标情况明显不属于本项目的；环境现状调查、预测评价结果明显不属于本项目或者规划的。

2. "环境影响评价弄虚作假的行为"是否以结论不正确或者错误为前提？

我国环评领域弄虚作假行为，并不以结论不正确或者错误为前提。因此，尽管抄袭或者弄虚作假行为对合格结论不产生影响，其并不存在将不合格项目通过弄虚作假而使其合格的情形，但其亦存在意见内容中所规定的内容明显失实情形，应当以"弄虚作假"予以处罚。

四、案件点评

环境影响评价是指对规划和建设项目实施后可能造成的环境影响进行分析、预测和评估，提出预防或者减轻不良环境影响的对策和措施，进行跟踪监测的方法与制度。环境影响评价文件对指导企业污染治理具有重要意义，环境影响评价文件编制的内容，建设单位要严格把关，对编制内容不相符合的，要及时进行更正，确保环境影响评价内容与建设的实际情况一致。生态环境主管部门要加强对环境影响报告书（表）的审核，对存在弄虚作假、提供虚假资料等情况，依法严厉打击，形成有力震慑。

五、相关法条

◆《中华人民共和国环境影响评价法》

第二十条第一款：建设单位应当对建设项目环境影响报告书、环境影响报告表的内容和结论负责，接受委托编制建设项目环境影响报告书、环境影响报告表的技术单位对其编制的建设项目环境影响报告书、环境影响报告表承担相应责任。

第三十二条：建设项目环境影响报告书、环境影响报告表存在基础资料明显不实，内容存在重大缺陷、遗漏或者虚假，环境影响评价结论不正确或者不合理等严重质量问题的，由设区的市级以上人民政府生态环境主管部门对建设单位处五十万元以上二百万元以下的罚款，并对建设单位的法定代表人、主要负责人、直接负责的主管人员和其他直接责任人员，处五万元以上二十万元以下的罚款。

接受委托编制建设项目环境影响报告书、环境影响报告表的技术单位违反国家有关环境影响评价标准和技术规范等规定，致使其编制的建设项目环境影响报告书、环境影响报告表存在基础资料明显不实，内容存在重大缺陷、遗漏或者虚假，环境影响评价结论不正确或者不合理等严重质量问题的，由设区的市级以上人民政府生态环境主管部门对技术单位处所收费用三倍以上五倍以下的罚款；情节严重的，禁止从事环境影响报告书、环境影响报告表编制工作；有违法所得的，没收违法所得。

编制单位有本条第一款、第二款规定的违法行为的，编制主持人和主要编制人员五年内禁止从事环境影响报告书、环境影响报告表编制工作；构成犯罪的，依法追究刑事责任，并终身禁止从事环境影响报告书、环境影响报告表编制工作。

第五部分

排污许可管理典型案例及其要点解析

◎ 案例类型：未按照排污许可证规定制定自行监测方案并开展监测

案例 24
某工贸有限公司未按照排污许可证规定制定自行监测方案并开展监测案

一、案情简介

2021 年 5 月 13 日，某县生态环境局执法人员对某工贸有限公司开展了现场执法检查，检查时该公司正在生产，废气收集处理设施正在运行，公司排污许可证载明"对 DA001、DA002 排口的颗粒物每半年开展 1 次自行监测；对 DA003 排口的硫化氢、甲苯、二甲苯每季度开展 1 次自行监测，颗粒物、非甲烷总烃每月开展 1 次自行监测；厂界无组织废气硫化氢、颗粒物、非甲烷总烃每半年开展 1 次自行监测"。经进一步调查，该公司于 2020 年 11 月 18 日取得排污许可证，未按照排污许可证规定制定自行监测方案并开展自行监测。

二、案件查处

某工贸有限公司的行为违反了《排污许可管理条例》第十九条第一款规定，依据《排污许可管理条例》第三十六条第五项规定，某市生态环境局责令该公司改正违法行为，并处以罚款 5.6 万元。

三、案件解析

排污单位开展自行监测工作需要注意的问题？

（1）检查自行监测方案。对照排污许可证中明确的自行监测要求，包括需要监测的排放口（或点位）、污染物名称、监测频次等，检查其与排污单位制定的自行监测方案、四川省污染源监测信息管理与共享平台内填报的自行监测方案是否一致。

（2）规范开展监测工作。正常生产工况下，排污单位可自行或者委托有资质单位按照排污许可证规定和有关标准规范开展自行监测，并保存原始监测记录。原始监测记录保存期限不得少于 5 年。排污单位应当对自行监测数据的真实性、准确性负责，不得篡改、伪造。实行排污许可重点管理的排污单位，应当依法安装、使用、维护污染物排放自动监测设备，并与生态环境主管部门的监控设备联网。

（3）公开监测信息。监测结果出具后，排污单位应当按时将数据真实、准确地录入四川省污染源监测信息管理与共享平台。

四、案件点评

自行监测是排污许可管理制度中的重要组成部分，随着《排污许可管理条例》的实施，自行监测已成为排污单位必须履行的法定义务之一。通过开展自行监测，排污单位可以对本单位污染治理措施进行"体检"，全面掌握污染物排放状况及治理成效，并根据监测结果，适当调整生产状况，改进污染治理工艺。同时，自行监测结果也是生态环境部门判断排污单位是否履行环境保护责任的直接依据。各地生态环境部门应该将企业自行监测开展情况作为"双随机、一公开"的重要检查内容，督促排污单位，对照自行监测技术指南的要求和排污许可证载明事项，加强自行监测体系的自我评估，进一步压实排污单位主体责任，规范自行监测行为，提高自行监测数据质量，为环境管理提供精准、可靠的监测数据支撑。

五、相关法条

◆《排污许可管理条例》

第七条第二款第四项：排污许可证申请表应当包括下列事项：（四）污染防治设施、污染物排放口位置和数量，污染物排放方式、排放去向、自行监测方案等信息。

第十九条第一款：排污单位应当按照排污许可证规定和有关标准规范，依法开展自行监测，并保存原始监测记录。原始监测记录保存期限不得少于5年。

第三十六条第五项：违反本条例规定，排污单位有下列行为之一的，由生态环境主管部门责令改正，处2万元以上20万元以下的罚款；拒不改正的，责令停产整治：（五）未按照排污许可证规定制定自行监测方案并开展自行监测。

案例 25
某陶瓷有限公司未依法重新申请取得排污许可证排放污染物案

一、案情简介

2021 年 5 月 14 日，某市生态环境局执法人员对某陶瓷有限公司进行现场执法检查，检查时该公司正在生产。经查，该公司于 2020 年 8 月 24 日取得排污许可证，2021 年 1 月，该公司更改年产 600 万平方米高端新型陶瓷家居板材生产线、新扩建年产 300 万平方米智能化岩板生产线建成投产，依法应当重新申请取得排污许可证，但未重新申领排污许可证并排放污染物。

二、案件查处

某陶瓷有限公司的行为违反了《中华人民共和国环境保护法》第四十五条第二款和《排污许可管理条例》第十五条规定，依据《排污许可管理条例》第三十三条第四项规定，某市生态环境局责令该公司改正违法行为，并处以罚款 62 万元。

三、案件解析

1. 如何判断企业是否应当重新申请取得排污许可证？

《排污许可管理条例》第十五条规定："在排污许可证有效期内，排污单位有下列情形之一的，应当重新申请取得排污许可证：（一）新建、改建、扩建排放污染物的项目；（二）生产经营场所、污染物排放口位置或者污染物排放方式、排放去向发生变化；（三）污染物排放口数量或者污染物排放种类、排放量、排放浓度增加。"

2. 如何区分"重新申请取得排污许可证"和"变更排污许可证"？

（1）应当重新申请取得排污许可证的情形包括：① 新建、改建、扩建排放污染物的项目；② 生产经营场所、污染物排放口位置或者污染物排放方式、排放去向发生变化；③ 污染物排放口数量或者污染物排放种类、排放量、排放浓度增加。

（2）应当申请变更排污许可证的情形包括：① 排污单位名称、地址、法定代表人或者主要负责人等正本中载明的基本信息发生变更之日起 30 个工作日内；② 因排污单位原因许可事项发生变更之日前 30 个工作日内；③ 排污单位在原场址内实施新建、改建、扩建项目应当开展环境影响评价的，在取得环境影响评价审批意见后，排污行为发生变更之日前 30 个工作日内；④ 新制修订的国家和地方污染物排放标准实施前 30 个工作日内；⑤ 依法分解落实的重点污染物排放总量控制指标发生变化后 30 个工作日内；⑥ 地方人民政府依法制定的限期达标规划实施前 30 个工作日内；⑦ 地方人民政府依法制定的重污染天气应急预案实施后 30 个工作日内；⑧ 法律法规规定需要进行变更的其他情形。

四、案件点评

《排污许可管理条例》的实施，是推进环境治理体系和治理能力现代化的重要要求，是落实排污单位治污主体责任，落实精准治污、科学治污、依法治污的有力举措，实现排污单位从"要我守法"向"我要守法"转变。《排污许可管理条例》中，依法应当重新申请取得排污许可证，未重新申请取得排污许可证排放污染物的行为，属于罚款金额最重的"无证排污"情形之一。事实上，很多排污单位片面认为，取得了排污许可证，就可以一劳永逸，之后的生产活动都是"有证排污"。但他们并不清楚，如果新增生产线、更改生产线等将导致污染物增加或者变化，这种情况就必须重新申请取得排污许可证，以确保排污许可证的有效性及时效性，充分发挥排污许可证制度的作用，督促排污单位做到"按证排污"。

五、相关法条

◆《中华人民共和国环境保护法》

第四十五条第二款：实行排污许可管理的企业事业单位和其他生产经营者应当按照排污许可证的要求排放污染物；未取得排污许可证的，不得排放污染物。

◆《排污许可管理条例》

第十四条第二款：排污单位变更名称、住所、法定代表人或者主要负责人的，应当自变更之日起 30 日内，向审批部门申请办理排污许可证变更手续。

第十五条：在排污许可证有效期内，排污单位有下列情形之一的，应当重新申请取得排污许可证：（一）新建、改建、扩建排放污染物的项目；（二）生产经营场所、污染物排放口位置或者污染物排放方式、排放去向发生变化；（三）污染物排放口数量或者污染物排放种类、排放量、排放浓度增加。

第三十三条第四项：违反本条例规定，排污单位有下列行为之一的，由生态环境主管部门责令改正或者限制生产、停产整治，处 20 万元以上 100 万元以下的罚款；情节严重的，报经有批准权的人民政府批准，责令停业、关闭：（四）依法应当重新申请取得排污许可证，未重新申请取得排污许可证排放污染物。

◎ 案例类型：自动监测设备未与生态环境主管部门的监控设备联网

案例 26
某陶瓷有限公司自动监测设备未与生态环境主管部门的监控设备联网案

一、案情简介

2021 年 6 月 23 日，某县生态环境局执法人员对某陶瓷有限公司开展现场检查，发现该公司压机、炉窑等工段正在生产，脱硫塔排口安装的自动监测设备未与生态环境主管部门联网，监测数据未上传生态环境主管部门。经查，该公司于 2020 年 12 月 31 日取得排污许可证，排污许可管理类别为重点管理，排污许可证自行监测明确要求脱硫塔排口氮氧化物、二氧化硫、颗粒物的监测方式为自动。该公司脱硫塔排口于 2020 年 9 月安装了废气自动监测设备，但截至检查时，仍未与生态环境主管部门联网。

二、案件查处

某陶瓷有限公司的行为违反了《排污许可管理条例》第二十条第一款规定，依据《排污许可管理条例》第三十六条第四项规定，某市生态环境局责令该公司改正违法行为，并处以罚款 8.07 万元。

三、案件解析

1. 排污许可重点管理类别的排污单位是否必须安装自动监测设备？

根据《排污许可管理条例》，为规范排污单位和其他生产经营者排污行为，排污单位应当按照排污许可证规定和有关标准规范，依法开展自行监测，并保存原始监测记录。实行排污许可重点管理的排污单位，应当依法安装、使用、维护污染物排放自动监测设备。根据《关于做好重点单位自动监控安装联网相关工作的通知》的规定，排污单位应在取得排污许可证后 3 个月内完成自动监测设备调试和联网。

2. 排污单位应如何安装自动监测设备？

排污单位应当依据排放标准、《排污许可证》《排污许可证申请与核发技术规范》《排污单位自行监测技术指南》等，确定具体监测点位、监测指标，经核实现场运行条件或者技术水平不具备污染物排放浓度自动监测可行性的，应当按照"分类指导、实事求是"的原则，在主要生产工序、治理工艺或者排放口等关键位置，安装使用工况参数、用水用电用能、视频探头监控等间接反映水和大气污染物排放状况的自动监测设备。

3. 在查处"自动监测设备未与生态环境主管部门的监控设备联网"案件中，有哪些免罚情形？

（1）《排污许可管理条例》第二十条第一款规定"实行排污许可重点管理的排污单位，应当依法安装、使用、维护污染物排放自动监测设备，并与生态环境主管部门的监控设备联网"。对于非排污许可重点管理单位，其自动监测设备未与生态环境主管部门监控设备联网的，不违反该条例。

（2）《污染源自动监控设备运行管理办法》规定：当污染源自动监控设备发生故障时，或者因维修、更换、停用、拆除等原因将影响自动监控设施正常运行时，运行单位应当事先报告县级以上环境保护行政主管部门，说明原因、时段等情况，递交人工监测方法报送数据方案，并取得县级以上生态环境行政主管部门的批准。此时，即使自动监测设备未与生态环境主管部门的监控设备联网，亦不用承担行政违法之责。但需注意的是，对设施的维修、更换、停用、拆除等相关工作均须符合国家或者地方相关标准，且针对设施的维修、更换，必须在 48 小时内恢复自动监控设施正常运行。设施不能正常运行期间，要采取人工采样监测的方式报送数据，数据报送每天不少于 4 次，间隔不得超过 6 小时。

（3）电信运营商服务中断、自然灾害等情形。

四、案件点评

根据相关法律法规，重点排污单位和实施排污许可重点管理类别的排污单位应当按照国家有关规定和监测技术规范安装并使用自动监测设备，保证自动在线监测设备正常运行，保存原始监测记录，并且自动监测设备要与生态环境主管部门的监控设备联网。这是一项重要的环境管理制度，是加强生态环境监管、落实排污单位主体责任的重要手段。生态环境主管部门要持续开展大数据分析，依法查处自动监测设备未与生态环境主管部门的监控设备联网等违法行为，形成高压震慑，不断增强企业自我守法意识，从而保障生态环境质量。

五、相关法条

◆《排污许可管理条例》

第二十条第一款：实行排污许可重点管理的排污单位，应当依法安装、使用、维护污染物排放自动监测设备，并与生态环境主管部门的监控设备联网。

第三十六条第四项：违反本条例规定，排污单位有下列行为之一的，由生态环境主管部门责令改正，处 2 万元以上 20 万元以下的罚款；拒不改正的，责令停产整治：（四）未按照排污许可证规定安装、使用污染物排放自动监测设备并与生态环境主管部门的监控设备联网，或者未保证污染物排放自动监测设备正常运行。

第六部分

PART SIX

放射性污染典型案例

及其要点解析

案例 27
某宠物诊所无许可证使用放射性同位素和射线装置案

一、案情简介

2021 年 1 月 22 日，某县生态环境局接到该县人民检察院提供的线索，对某宠物诊所（个体工商户）进行现场执法检查，检查时该诊所正在营业。经查，该诊所于 2018 年购买了一台 WFC50 移动式 X 射线装置，共使用该射线机对受伤动物骨骼进行 9 次诊断。该射线装置未在辐射安全许可豁免清单内，未办理辐射安全许可证。

二、案件查处

某宠物诊所的行为违反了《放射性同位素与射线装置安全和防护条例》第十五条第一款规定，依据《放射性同位素与射线装置安全和防护条例》第五十二条第一项规定，某市生态环境局责令该诊所改正违法行为，处以罚款 1 万元，并没收违法所得 1620 元。

三、案件解析

1. 个体工商户作为被处罚对象时，如何列明当事人信息？

《中华人民共和国民法典》第五十四条规定"自然人从事工商业经营，经依法登记，为个体工商户。个体工商户可以起字号"。《最高人民法院关于适用〈中华人民共和国民事诉讼法〉的解释》第五十九条第一款规定"在诉讼中，个体工商户以营业执照上登记的经营者为当事人。有字号的，以营业执照上登记的字号为当事人，但应同时注明该字号经营者的基本信息"规定，针对无字号的个体工商户以营业执照上登记的经营者为当事人，针对有字号的，以营业执照上登记的字号为当事人，但应同时注明该字号经营者的基本信息。

实务中，经常会存在登记经营者与实际经营者不一致的问题。针对该类问题，《最高人民法院关于适用〈中华人民共和国民事诉讼法〉的解释》第五十九条第二款规定："营业执照上登记的经营者与实际经营者不一致的，以登记的经营者和实际经营者为共同诉讼人。"同时，《中华人民共和国行政诉讼法》附则第一百零一条规定："人民法院审理行政案件，关于期间、送达、财产保全、开庭审理、调解、中止诉讼、终结诉讼、简易程序、执行等，以及人民检察院对行政案件受理、审理、裁判、执行的监督，本法没有规定的，适用《中华人民共和国民事诉讼法》的相关规定。"目前，我国行政法律法规暂时没有对经营者对象不一致的处理规定，因而可以参照适用民事领域关于这一问题的一般处罚原则。

2. 常见的放射性同位素和射线装置及其使用单位都有哪些？

根据原国家环保总局《关于发布射线装置分类办法的公告》，将常用的射线装置按分为三类：Ⅰ类医用射线装置包括能量大于 100 兆电子伏的医用加速器；Ⅰ类非医用射线装置包括生产放射性同位素的加速器、能量大于 100 兆电子伏的加速器。Ⅱ类医用射线装置包括放射治疗用 X 射线、电子束加速器、重离子治疗加速器、质子治疗装置、制备正电子发射计算机断层显像装置（PET）用放射性药物的加速器、其他医用加速、X 射线深部治疗机、数字减影血管造影装置；Ⅱ类非医用射线装置包括工业探伤加速器、安全检查用加速器、辐照装置用加速器、其他非医用加速器、中子发生器、工业用 X 射线 CT 机。Ⅲ类医用射线装置包括医用 X 射线 CT 机、放射诊断用普通 X 射线机、牙科 X 射线机、乳腺 X 射线机、X 射线摄影装置、放射治疗模拟定位机；Ⅲ类非医用射线装置包括 X 射线行李包检查装置、X 射线衍射仪、兽医用 X 射线机。

放射性同位素及射线装置的常见使用单位有医院、诊所等医疗单位，建筑工程检测单位，精密设备检测单位，地质勘测单位，医药生产单位及配备医疗实验室的高校等。执法人员在检查时应当有针对性，针对常见单位和重点单位开展排查。

3. 在查处"无许可证使用放射性同位素和射线装置"案件时，调查取证的重点是什么？

此类违法行为的调查取证主要侧重以下几个方面：一是确认是否存在放射性同位素和射线装置，该类装置的使用是否属于应当获得许可证的范围；二是确认该放射性同位素和射线装置是否存在使用的情形；三是确认使用人是否依法取得许可证，或者是否存在伪造、变造、擅自转让许可证的情形；四是确认放射性同位素和射线装置是否与许可证批准的种类和范围一致，有无存在超许可范围、数量使用的情形。

四、案件点评

随着近几年污染防治攻坚战的深入推进，人们对身边大气、水、土壤的环境状况日益重视，但辐射环境安全对普通百姓来说，似乎还是一个新鲜词，辐射安全许可证对使用放射性同位素及射线装置的小机构来说，更是一个陌生词。目前，随着人们对健康的日益重视，医院或者诊所星罗棋布，所使用的 CT 等设备数量不可小觑，各级生态环境部门应有针对性地开展辐射安全执法专项行动，可以邀请相关行业专家参加，加大执法力度，严肃查处各类违法行为，并认真督促落实好整改要求，及时消除辐射安全隐患，全面提高辐射安全监管水平。

五、相关法条

◆ 《放射性同位素与射线装置安全和防护条例》

第十五条第一款：禁止无许可证或者不按照许可证规定的种类和范围从事放射性同位素和射线装置的生产、销售、使用活动。

第五十二条第一项：违反本条例规定，生产、销售、使用放射性同位素和射线装置的单位有下列行为之一的，由县级以上人民政府生态环境主管部门责令限期改正；逾期不改正的，责令停产停业或者由原发证机关吊销许可证；有违法所得的，没收违法所得；违法所得 10 万元以上的，并处违法所得 1 倍以上 5 倍以下的罚款；没有违法所得或者违法所得不足 10 万元的，并处 1 万元以上 10 万元以下的罚款：（一）无许可证从事放射性同位素和射线装置生产、销售、使用活动的。

第七部分

PART SEVEN

复议、诉讼典型案例及其要点解析

案例 28
某高速公路有限责任公司行政复议案

一、案情简介

2019 年 2 月 3 日，某县生态环境局接到群众投诉反映某高速公路有限责任公司（以下简称"某高速公司"）负责运营管理的某高速服务区北区存在生活污水外渗，某县生态环境局执法人员同日对该服务区进行现场检查，发现该服务区北区污水管网存在渗漏，且服务区靠近周边住户的水坑内积存有白色污水，与污水管网渗漏污水颜色一致。执法人员判定水坑内白色污水与污水管网渗漏污水均为服务区生活污水，认定该公司的行为违反了《中华人民共和国水污染防治法》第四十条第三款规定，依据《中华人民共和国水污染防治法》第八十五条第一款第九项、第二款规定，2019 年 8 月 20 日某县生态环境局对该公司处以罚款 10 万元。

二、复议情况

某高速公司于 2019 年 10 月 18 日向某县人民政府申请行政复议，请求复议机关依法对该行政处罚予以撤销。

某高速公司认为：① 不能证明该土坑内污水只来源于该公司，周边有 10 余户居民排放的污水未经任何处理也直接排入该土坑，某县生态环境局认定事实不清。② 该土坑早就存在，污水经服务区渗漏至该土坑是自然流入，而非某高速公司故意或者积极实施了"存储"行为，故某县生态环境局适用法律错误。③ 该公司积极整改，措施有效，情节轻微、未造成严重后果，依法应不予处罚，某县生态环境局处罚明显不当。

某县生态环境局认为：① 某县生态环境局调查收集的《污染源现场检查记录》、《现场检查（勘察）笔录》、《调查询问笔录》、现场照片、监测报告及《某高速公司关于报送某高速服务区北区污水泄漏整改情况的函》等证据，证明污染的土坑属某高速服务区所有，厕所排污管道污水渗漏到无任何防渗漏措施的土坑内，且该土坑的污水颜色与该服务区破裂的污水管道流出的污水颜色一致，均是灰白色。因此某县生态环境局认定某高速公司利用无任何防渗漏措施的土坑存储污水的事实清楚，适用法律正确。② 某高速公司提出陈述申辩意见，陈述自该情况发生后服务区及时整改，整改措施有效。某县生态环境局执法人员对该陈述意见进行核实，情况属实，具备从轻处罚情节，给予采信，遂作出罚款 10 万元的最低限度罚款处罚。

复议机关认为：因某县生态环境局于 2019 年 2 月 21 日作出立案决定，但其于 2019 年 8 月 21 日才向某高速公司送达《行政处罚决定书》，其行为违反了《环境行政处罚办法》（环境保护部令第 8 号）第五十五条"环境保护行政处罚案件应当自立案之日起的 3 个月内作出处理决定。案件办理过程中听证、公告、监测、鉴定、送达等时间不计入期限"规定。某县生态环境局自立案之日起至作出行政处罚决定之日止，除去听证、公告、监测、鉴定、送达等期限，已超过 3 个月，故其违反了相关法定程序，属于程序违法。

案卷证据均证明该土坑附近不仅有某高速公司服务区还有居住区，居住区 38 户居民中有部分居民疑似将生活污水通过管道排放到该土坑的情形，但某县生态环境局却未进行调查核实，对污染物的来源事实没有调查清楚。某县生态环境局根据该土坑内取样的污水作出的检测报告和证人证言及土坑的污水颜色与该服务区破裂的污水管道流出的污水颜色均是灰白色的事实，认定某高速公司存在违法行为，在违法行为和损害结果上不具有唯一性、排他性，缺乏因果关系。

综上，某县生态环境局作出的该行政处罚决定书，认定主要事实不清，证据不足，违反法定程序，依照《中华人民共和国行政复议法》第二十八条第一款第三项规定，某县人民政府决定撤销该行政处罚决定书。

三、案件解析

1. 环境违法事实认定如何排除合理怀疑？

行政处罚案件办理过程中，收集的证据之间要相互印证，通过证据相互验证，使证据之间摆脱孤立状态，证据信息之间产生逻辑关系，形成证据链，使案件事实的真实性得以证明。同时，证据间所形成的证据链指向同一事实，从而排除合理怀疑和排除证据间的矛盾点。

2. 行政处罚案件立案和办理的时限要求是什么？

《环境行政处罚办法》（环境保护部令第 8 号）规定了发现环境违法行为后立案时间及作出处罚决定的时限。第二十二条规定"环境保护主管部门对涉嫌违反环境保护法律、法规和规章的违法行为，应当进行初步审查，并在 7 个工作日内决定是否立案"。第五十五条规定"环境保护行政处罚案件应当自立案之日起的 3 个月内作出处理决定。案件办理过程中听证、公告、监测、鉴定、送达等时间不计入期限"。

四、案件点评

"以事实为依据"是行政处罚法的一项基本原则。事实需要证据来证明。实践中，违法实施行政处罚的行为，相当一部分是由于证据不足或者证据不符合要求。只有规范、正确地取得证据，并作为认定案件事实的根据，才能合法、有效地实施行政处罚。由于行政处罚行为可能面临行政诉讼，行政处罚实施过程中的证据类型、来源和取得方式均需接受行政诉讼证据规则检验，需要将行政诉讼证据规则运用到行政处罚实施中，便于行政机关掌握行政处罚证据类型和取证标准，从而进一步完善行政处罚程序、规范行政处罚实施。

五、相关法条

◆《中华人民共和国水污染防治法》

第四十条第三款：禁止利用无防渗漏措施的沟渠、坑塘等输送或者存贮含有毒污染物的废水、含病原体的污水和其他废弃物。

第八十五条第一款第九项、第二款：有下列行为之一的，由县级以上地方人民政府环境保护主管部门责令停止违法行为，限期采取治理措施，消除污染，处以罚款；逾期不采取治理措施的，环境保护主管部门可以指定有治理能力的单位代为治理，所需费用由违法者承担：（九）未按照规定采取防护性措施，或者利用无防渗漏措施的沟渠、坑塘等输送或者存贮含有毒污染物的废水、含病原体的污水或者其他废弃物的。

有前款第三项、第四项、第六项、第七项、第八项行为之一的，处二万元以上二十万元以下的罚款。有前款第一项、第二项、第五项、第九项行为之一的，处十万元以上一百万元以下的罚款；情节严重的，报经有批准权的人民政府批准，责令停业、关闭。

◆《环境行政处罚办法》

第二十二条：环境保护主管部门对涉嫌违反环境保护法律、法规和规章的违法行为，应当进行初步审查，并在7个工作日内决定是否立案。

第五十五条：环境保护行政处罚案件应当自立案之日起的3个月内作出处理决定。案件办理过程中听证、公告、监测、鉴定、送达等时间不计入期限。

◆《中华人民共和国行政复议法》

第二十八条第一款第三项：行政复议机关负责法制工作的机构应当对被申请人作出的具体行政行为进行审查，提出意见，经行政复议机关的负责人同意或者集体讨论通过后，按照下列规定作出行政复议决定：（三）具体行政行为有下列情形之一的，决定撤销、变更或者确认该具体行政行为违法；决定撤销或者确认该具体行政行为违法的，可以责令被申请人在一定期限内重新作出具体行政行为：1.主要事实不清、证据不足的；2.适用依据错误的；3.违反法定程序的；4.超越或者滥用职权的；5.具体行政行为明显不当的。

◆《中华人民共和国行政处罚法》

第六十条：行政机关应当自行政处罚案件立案之日起九十日内作出行政处罚决定。法律、法规、规章另有规定的，从其规定。

案例 29
某机械设备有限公司行政复议案

一、案情简介

2019 年 8 月 8 日，某县生态环境局对某机械设备有限公司（以下简称"某公司"）进行现场检查，发现该公司打磨、焊接、组装工序正在生产，漆房已建成并投入使用。其中打磨过程中产生的粉尘及焊接时产生的烟尘经车间排气扇外排，焊烟除尘器未购置，喷漆废气处理设施未经验收已投入使用。某公司的行为违反了《建设项目环境保护管理条例》第十五条规定，依据《建设项目环境保护管理条例》第二十三条第一款规定，某县生态环境局于 2019 年 11 月 13 日作出处罚决定，对该公司处以罚款 40 万元，对该公司直接负责的主管人员彭某处以罚款 7 万元。

二、复议情况

某公司于 2019 年 11 月 13 日向某市生态环境局申请行政复议，请求复议机关依法对该行政处罚予以撤销。

某公司认为：① 处罚决定与事实不相符。② 违法行为轻微并已及时纠正，没有造成危害后果。③ 申请人经营十分困难，对其处罚金额过重，违背了国务院支持中小型实体经济和民营企业发展的产业政策。

某县生态环境局认为：① 某县生态环境局在办理本案过程中认定事实清楚、证据确凿充分、适用法律法规正确、查处程序合法、处罚种类和幅度适当，不存在处罚决定和事实不相符的情况。② 某公司未按照环评要求购买安装焊接工序所配套的焊烟除尘设备即投入生产，违反了《建设项目环境保护管理条例》第十五条的规定，且该公司在某县生态环境局作出行政处罚决定之日时仍未完成建设项目环境保护设施验收工作，不存在及时纠正违法行为的情况。③ 某公司资金困难、国家相关民营企业扶持政策均属于客观外在因素，不影响本案违法事实的成立。某县生态环境局对其处以 40 万元罚款在裁量标准范围内，不存在处罚过重的情况。

复议机关认为：某公司收到《某县生态环境局行政处罚事先（听证）告知书》后，提出了陈述申辩意见，陈述了 3 个方面的主要事实与理由，某县生态环境局在对其进行复核时，未按照《中华人民共和国行政处罚法》第三十二条规定针对该公司所提出的事实、理由和证据逐一进行复核，若当事人提出相应的事实、理由和证据成立，行政机关应当采纳，认定某县生态环境局程序违法。按照《最高人民法院关于适用〈中华人民共和国行政诉讼法〉的解释》（法释〔2018〕1号）第九十六条规定，"听证、陈述、申辩"等为当事人的主要程序性权利，且陈述申辩中关于"申请人提交了《环评变更报告》、被申请人至陈述申辩时仍未审核"的内容与申请人的实体权利直接相关，属于可能影响实体结果正确性并对申请人造成实质损害的因素。某县生态环境局未对该公司的陈述申辩意见进行针对性复核，导致某公司依法行使的重要程序性权利未能实现。本案中，某县生态环境局在作出处罚决定前，未由从事行政处罚决定审核的人员对案件进行审核。

综上，某县生态环境局作出的行政行为违反法定程序。根据《中华人民共和国行政复议法》第二十八条第一款第三项第三目规定，决定撤销大邑生态环境局作出的行政处罚具体行政行为。

三、案件解析

◆ **行政处罚过程中应当如何保障当事人的合法权利？**

行政机关在作出行政处罚决定之前，应当给予当事人申辩和陈述意见的机会，特别是行政处罚决定对当事人的权益有不利影响时，必须听取当事人的意见，不能单方片面认定事实，剥夺当事人陈述申辩的权利。当事人在陈述申辩时，对行政机关拟给予的行政处罚所认定的违法事实及证据、适用的法律以及行政机关实施行政处罚的主体资格和程序均可以提出反驳或者质疑意见，陈述自己对事实认定以及法律适用的看法、意见，同时也可以提出自己的主张、事实、理由和证据。

对当事人陈述申辩提出的意见，行政机关必须充分听取，对当事人提出的事实、理由和证据，应当进行复核。可以当场复核，也可以通过调查进行复核，经复核当事人提出的事实、理由成立，证据确凿充分的，应当采纳。行政机关不能未经复核就否定当事人提出的事实、理由和证据，更不能因为当事人陈述申辩对其加重处罚。

四、案件点评

行政机关执法水平的高低在一定程度上影响案件能否得到公平公正的处理，往往也是法治政府建设最直接的体现。行政执法中不仅要严格依法办事，也要注重程序与实体并重，特别是严格依照法定程序办事，提高规范执法的能力。严格依照法定程序办事，不仅有利于规范执法行为，经得起社会和司法监督，更有利于保障行政相对人的合法权益，保障执法效率。

五、相关法条

◆**《建设项目环境保护管理条例》**

第十五条：建设项目需要配套建设的环境保护设施，必须与主体工程同时设计、同时施工、同时投产使用。

第二十三条第一款：违反本条例规定，需要配套建设的环境保护设施未建成、未经验收或者验收不合格，建设项目即投入生产或者使用，或者在环境保护设施验收中弄虚作假的，由县级以上环境保护行政主管部门责令限期改正，处 20 万元以上 100 万元以下的罚款；逾期不改正的，处 100 万元以上 200 万元以下的罚款；对直接负责的主管人员和其他责任人员，处 5 万元以上 20 万元以下的罚款；造成重大环境污染或者生态破坏的，责令停止生产或者使用，或者报经有批准权的人民政府批准，责令关闭。

◆《中华人民共和国行政处罚法》

第三十二条：当事人有下列情形之一，应当从轻或者减轻行政处罚：（一）主动消除或者减轻违法行为危害后果的；（二）受他人胁迫或者诱骗实施违法行为的；（三）主动供述行政机关尚未掌握的违法行为的；（四）配合行政机关查处违法行为有立功表现的；（五）法律、法规、规章规定其他应当从轻或者减轻行政处罚的。

◆《中华人民共和国行政复议法》

第二十八条第一款第三项第三目：行政复议机关负责法制工作的机构应当对被申请人作出的具体行政行为进行审查，提出意见，经行政复议机关的负责人同意或者集体讨论通过后，按照下列规定作出行政复议决定：（三）具体行政行为有下列情形之一的，决定撤销、变更或者确认该具体行政行为违法；决定撤销或者确认该具体行政行为违法的，可以责令被申请人在一定期限内重新作出具体行政行为：3.违反法定程序的。

◎ 案例类型：行政复议案

案例 30
某农牧有限公司行政复议案

一、案情简介

2020 年 4 月 29 日，某县生态环境局执法人员对某农牧有限公司开展现场检查时，发现该公司养殖基地的格栅池抽水泵损坏，池内养殖废水溢流，并通过厂区涵洞进流入某河。该公司的行为违反了《中华人民共和国水污染防治法》第三十九条规定，依据《中华人民共和国水污染防治法》第八十三条规定，某县生态环境局于 2020 年 5 月 27 日对该公司处以罚款 29.12 万元。2020 年 7 月 15 日，某农牧公司向某县人民政府提出复议申请。2020 年 10 月 11 日，某县人民政府作出《行政复议决定书》，认定某县生态环境局未正确履行行政处罚事先告知程序，未保障当事人陈述申辩以及听证的权利，决定撤销某县生态环境局作出的《行政处罚决定书》，责令某县生态环境局自收到行政复议决定之日起 3 个月内依法重新作出处理。

2020 年 10 月 19 日，某市生态环境局明确全市生态环境保护行政执法有关事项，确定某市生态环境局为全市生态环境保护行政执法主体，依法行使行政处罚权，以市局名义作出行政执法决定。同日，某市生态环境局对某农牧公司上述违法行为依法立案调查，于 2021 年 1 月 9 日依据《中华人民共和国水污染防治法》第八十三条规定，对该公司作出罚款 29.12 万元的处罚决定。

二、复议情况

某农牧公司于 2021 年 1 月 9 日向某市人民政府申请行政复议，请求复议机关依法对该行政处罚予以撤销。

某农牧公司认为：① 某农牧公司未实施《行政处罚决定书》中的环境违法行为，某市生态环境局对某农牧公司进行行政处罚的事实不清、证据不足。② 某农牧公司的行为不符合《中华人民共和国水污染防治法》第三十九条、第八十三条所规定的情形，某市生态环境局根据前述规定对某农牧公司进行处罚属于适用法律错误。③ 某市生态环境局的调查、听证、处罚决定等程序违法。某市生态环境局未对本案进行立案、调查取证、案件审查，而是利用某县生态环境局调取的证据对某农牧公司进行了处罚，未告知某农牧公司享有申请调查、取样等人员回避的权利，未直接向申请人调查取证，不符合《环境行政处罚办法》的程序规定，程序违法。同时，本案听证程序违法，听证的组织者和主持人都不适格。

某市生态环境局认为：① 某农牧公司在《行政复议申请书》中提出的"某农牧公司立即对水泵进行了修复，对养殖废水进行了收集"不属实，某农牧公司具有逃避监管排放水污染物的情形。② 某市生态环境局适用法律正确。某农牧公司放任养殖废水不经过处理设施直接排放的行为符合"将部分污染物不经过处理设施，直接排放的"情形。③ 本案程序合法。某市生态环境局对本案有管辖权，《关于明确全市生态环境保护行政执法有关事项的通知》明确各区市县生态环境局均以市局名义作出行政执法决定，本案由某市生态环境局重新立案调查，案件审查、告知、听证和作出处理决定，符合《环境行政处罚办法》的程序规定。

复议机关认为：《中华人民共和国行政处罚法》第五十七条第二款规定，对情节复杂或者重大违法行为给予较重的行政处罚，行政机关的负责人应当集体讨论决定。本案所涉行政处罚属于对情节复杂或者重大违法行为给予较重的行政处罚范畴，应当在调查终结后由某市生态环境局负责人集体讨论决定。但某市生态环境局向某市人民政府提交的材料显示，2020 年 12 月 1 日与 2021 年 1 月 9 日进行的集体讨论，均由某县生态环境局负责人集体讨论决定，不是某市生态环境局负责人集体讨论决定。

综上，某市生态环境局作出的行政处罚决定违反负责人集体讨论程序规定，属于程序违法。根据《中华人民共和国行政复议法》第二十八条第一款第三项第三目规定，某市人民政府决定撤销某市生态环境局 2021 年 1 月 9 日作出的《行政处罚决定书》，责令某市生态环境局依法重新作出处理。

三、案件解析

1. 行政机关负责人包括哪些？

《最高人民法院关于行政机关负责人出庭应诉若干问题的规定》第二条规定，行政诉讼法第三条第三款规定的被诉行政机关负责人，包括行政机关的正职、副职负责人、参与分管被诉行政行为实施工作的副职级别的负责人以及其他参与分管的负责人。被诉行政机关委托的组织或者下级行政机关的负责人，不能作为被诉行政机关负责人出庭。因此，对情节复杂或者重大违法行为给予行政处罚，执法机构和派出机构负责人召集的集体讨论不符合行政处罚程序规定。

2. 哪些行政处罚决定应当由行政机关负责人集体讨论？

《中华人民共和国行政处罚法》第五十七条第二款规定，对情节复杂或者重大违法行为给予行政处罚，行政机关负责人应当集体讨论决定。对于重大、复杂行政处罚案件的决定，除按照一般行政处罚案件的决定程序办理外，部分案件当事人会要求举行听证，应当按照听证程序，在作出行政处罚决定之前，举行听证，听证后不改变原处罚主要事实、法律依据的，经主要负责人审核同意，可不需再提请进行集体讨论；若拟改变原处罚主要事实、法律依据的，需再提请进行集体讨论，根据讨论情况再行作出处理。

同时，《四川省重大行政处罚行政强制备案规定》中对重大行政处罚概念进行了明确，包括以下几项：① 对公民处以 5000 元以上、对法人或者其他组织处以 50000 元以上的罚款，或者没收同等数额以上的违法所得、非法财物；② 责令停产停业 1 个月以上；③ 吊销经营性许可证或者执照；④ 国家规定的其他重大行政处罚决定。

四、案件点评

对情节复杂或者重大违法行为给予行政处罚，行政机关负责人应当集体讨论决定，表明对重大行政处罚案件的处理持极为慎重的态度，行政机关依照法定程序处理重大行政处罚案件，既能够保障行政机关依法行政，又能维护公民、法人或者其他组织的合法权益。随着各地机构改革的完成，生态环境分局作为市级生态环境局派出机构履行法定职责，不具备独立的行政主体资格，不得以自己的名义作出行政处罚决定。相应地，生态环境分局负责人的集体讨论，亦不能被视为有权作出行政处罚决定的行政机关负责人集体讨论。

五、相关法条

◆《中华人民共和国水污染防治法》

第三十九条：禁止利用渗井、渗坑、裂隙、溶洞，私设暗管，篡改、伪造监测数据，或者不正常运行水污染防治设施等逃避监管的方式排放水污染物。

第八十三条第三项、第四项：违反本法规定，有下列行为之一的，由县级以上人民政府环境保护主管部门责令改正或者责令限制生产、停产整治，并处十万元以上一百万元以下的罚款；情节严重的，报经有批准权的人民政府批准，责令停业、关闭：（三）利用渗井、渗坑、裂隙、溶洞，私设暗管，篡改、伪造监测数据，或者不正常运行水污染防治设施等逃避监管的方式排放水污染物的；（四）未按照规定进行预处理，向污水集中处理设施排放不符合处理工艺要求的工业废水的。

◆《中华人民共和国行政处罚法》

第三十八条第二款、第四项：违反法定程序构成重大且明显违法的，行政处罚无效。

第五十七条第二款：对情节复杂或者重大违法行为给予行政处罚，行政机关负责人应当集体讨论决定。

◆《中华人民共和国行政复议法》

第二十八条第一款第三项第三目：行政复议机关负责法制工作的机构应当对被申请人作出的具体行政行为进行审查，提出意见，经行政复议机关的负责人同意或者集体讨论通过后，按照下列规定作出行政复议决定：（三）具体行政行为有下列情形之一的，决定撤销、变更或者确认该具体行政行为违法；决定撤销或者确认该具体行政行为违法的，可以责令被申请人在一定期限内重新作出具体行政行为：3.违反法定程序的。

案例 31
某鞋厂行政复议案

一、案情简介

2018 年 9 月 10 日，某县生态环境局执法人员会同某市生态环境局执法人员对某鞋厂进行现场检查，发现该鞋厂年产 100 万双环保型制鞋生产线项目正在生产，已建成面部生产线、成型生产线各一条，没有办理环评手续和环保竣工验收。某鞋厂的行为违反了《中华人民共和国环境影响评价法》第二十五条和《建设项目环境保护管理条例》第十九条第一款规定，依据《中华人民共和国环境影响评价法》第三十一条第一款和《建设项目环境保护管理条例》第二十三条第一款规定，某县生态环境局于 2019 年 3 月 21 日作出处罚决定，对该厂处以罚款 21.41 万元，对经营者董某处以罚款 5 万元。

二、复议情况

某鞋厂于 2019 年 4 月 11 日向某市生态环境局申请行政复议，请求复议机关依法撤销某县生态环境局作出的行政处罚决定书和责令改正违法行为决定书。

某鞋厂认为：① 没有违法生产的主观故意。② 作出的处罚决定认定事实错误。③ 作出的责令改正违法行为决定书事实认定错误。④ 某县生态环境局作出的行政处罚违反了法定程序。

某县生态环境局认为：① 某县生态环境局作出的行政处罚认定事实清楚，证据确实充分。一是某鞋厂从事皮鞋制造，生产过程中使用有机溶剂，依照《建设项目环境影响评价分类管理目录（2018）》规定，需要编制环境影响报告表。在处罚时采信了某县鞋厂提供的《某鞋厂项目总投资说明》中自认的投资额作为总投资额的依据，某县生态环境局对某鞋厂未批先建处罚证据确实充分，程序合法，处罚适当。二是某鞋厂在生产场地安装有 4 台空气净化机，但未经验收即投入生产或者使用，对某鞋厂处以罚款 20 万元，对其直接负责人董某处以罚款 5 万元，处罚实施清楚，证据确凿，程序合法，处罚适当。② 鉴于某县生态环境局作出的《行政处罚事先（听证）告知书》《责令改正违法行为事先告知书》《责令改正违法行为决定书》存在文字表述不准确，没有对每一违法行为的分别裁量在行政处罚决定书中予以载明等瑕疵，但处罚结果正确，根据《四川省行政执法监督条例》第三十三条第四款"行政机关发现已经生效的行政行为违法或者不适当,可依法自行纠正"

规定，经某县生态环境局办公会议研究决定，撤销前述具体行政行为。

复议机关认为：某县生态环境局对某鞋厂的违法事实认定清楚，法律适用正确，程序适当。但行政处罚决定书存在主要证据不足、处罚决定内容不明确、主体混淆等问题。一是主要证据不足。某县生态环境局认定的总投资额以某鞋厂书面说明为依据，在对董某的调查询问笔录中，也是这样陈述机器设备的投资额，此外无其他佐证证据。二是处罚决定内容不明确。处罚决定包含三项处罚内容，但是在处罚决定书中合并表述，未明确表述每项处罚的金额，处罚内容不明确。三是主体混淆。对"未验先投"的两项处罚，一项是对作为企业法人的某鞋厂，一项是对作为直接负责的主管人员董某，不是同一主体。某县生态环境局在一份行政处罚决定书中（主体为某鞋厂）作出上述处罚决定，不符合法律规定。

综上，某县生态环境局作出的行政处罚决定违法。鉴于某县生态环境局已在复议期间撤销了该行政处罚决定，若再作出行政复议决定撤销该行政行为，无法律根据和实际意义。根据《中华人民共和国行政复议法》第二十八条第一款第三项第一目、第五目规定，确认某县生态环境局作出的行政处罚决定书违法。

三、案件解析

1. 个体工商户是否适用"双罚制"？

《中华人民共和国民法典》第五十四条"自然人从事工商业经营，经依法登记，为个体工商户。个体工商户可以起字号"。最高人民法院《关于适用〈中华人民共和国民事诉讼法〉的解释》第五十九条规定"在诉讼中，个体工商户以营业执照上登记的经营者为当事人。有字号的，以营业执照上登记的字号为当事人，但应同时注明该字号经营者的基本信息"。本案中某鞋厂作为个体工商户登记字号，其经营者为董某，双罚时发生责任主体竞合，违反了《中华人民共和国行政处罚法》第二十九条"对当事人的同一个违法行为，不得给予两次以上罚款的行政处罚"规定。

2. 行政机关是否可以自行纠正作出的错误行政行为？

《中华人民共和国行政处罚法》第七十五条第二款"行政机关实施行政处罚应当接受社会监督。公民、法人或者其他组织对行政机关实施行政处罚的行为，有权申诉或者检举；行政机关应当认真审查，发现有错误的，应当主动改正"。《四川省行政执法监督条例》第三十三条第四款"行政机关发现已经生效的行政行为违法或者不适当，可依法自行纠正"。本案在行政复议过程中，某县生态环境局发现作出的《行政处罚事先（听证）告知书》《行政处罚决定书》《责令改正违法行为决定书》存在文字表述不准确，没有对每一违法行为的分别裁量在行政处罚决定书中予以载明等，可以依法撤销前述行政行为。

四、案件点评

行政处罚涉及公民、法人或者其他组织的权益减损或者义务增加，为了保证行政处罚正确实施，有必要加强对行政处罚的监督。经行政机关内部监督检查或者经当事人申诉、检举，行政机关发现行政处罚存在重大错误、影响结果且具备改正条件的，允许行政机关自行改正，行政机关应自行改正，有利于保障行政相对人合法权益、减少行政成本、重塑政府公信力。因自行改正造成当事人合法权益损失，或者行政处罚决定确有错误但不具备改正条件的，行政机关应当承担相应的赔偿或者补偿责任。

五、相关法条

◆《中华人民共和国环境影响评价法》

第二十五条：建设项目的环境影响评价文件未依法经审批部门审查或者审查后未予批准的，建设单位不得开工建设。

第三十一条第一款：建设单位未依法报批建设项目环境影响报告书、报告表，或者未依照本法第二十四条的规定重新报批或者报请重新审核环境影响报告书、报告表，擅自开工建设的，由县级以上生态环境主管部门责令停止建设，根据违法情节和危害后果，处建设项目总投资额百分之一以上百分之五以下的罚款，并可以责令恢复原状；对建设单位直接负责的主管人员和其他直接责任人员，依法给予行政处分。

◆《建设项目环境保护管理条例》

第十九条第一款：编制环境影响报告书、环境影响报告表的建设项目，其配套建设的环境保护设施经验收合格，方可投入生产或者使用；未经验收或者验收不合格的，不得投入生产或者使用。

第二十三条第一款：违反本条例规定，需要配套建设的环境保护设施未建成、未经验收或者验收不合格，建设项目即投入生产或者使用，或者在环境保护设施验收中弄虚作假的，由县级以上环境保护行政主管部门责令限期改正，处 20 万元以上 100 万元以下的罚款；逾期不改正的，处 100 万元以上 200 万元以下的罚款；对直接负责的主管人员和其他责任人员，处 5 万元以上 20 万元以下的罚款；造成重大环境污染或者生态破坏的，责令停止生产或者使用，或者报经有批准权的人民政府批准，责令关闭。

◆《四川省行政执法监督条例》

第三十三条第四款：行政机关发现已经生效的行政行为违法或者不适当，可依法自行纠正。……

◆《中华人民共和国行政复议法》

第二十八条第一款第三项第一目、第五目：行政复议机关负责法制工作的机构应当对被申请人作出的具体行政行为进行审查，提出意见，经行政复议机关的负责人同意或者集体讨论通过后，按照下列规定作出行政复议决定：（三）具体行政行为有下列情形之一的，决定撤销、变更或者确认该具体行政行为违法；决定撤销或者确认该具体行政行为违法的，可以责令被申请人在一定期限内重新作出具体行政行为：1.主要事实不清、证据不足的；5.具体行政行为明显不当的。

◆《中华人民共和国行政处罚法》

第二十九条：对当事人的同一个违法行为，不得给予两次以上罚款的行政处罚。……

第七十五条第二款：行政机关实施行政处罚应当接受社会监督。公民、法人或者其他组织对行政机关实施行政处罚的行为，有权申诉或者检举；行政机关应当认真审查，发现有错误的，应当主动改正。

案例 32
某实业有限公司行政诉讼案

一、案情简介

2018 年 1 月 23 日，某市生态环境局配合原市经信委开展工业环保暗访督察时，对某实业有限公司（以下简称"某公司"）生产废水进行了监测，发现该公司外排废水的化学需氧量（COD）浓度值为 192 mg/L，超标倍数为 0.92 倍；五日生化需氧量（BOD_5）浓度值为 55 mg/L，超标倍数为 1.8 倍，其浓度值均超过《污水综合排放标准》（GB 8978—1996）。某市生态环境局责令该公司改正违法行为，并于 2018 年 4 月 11 日处以罚款 10 万元。

某市生态环境局于 2018 年 2 月 27 日对该公司生产废水进行复查监测时发现，排放废水化学需氧量（COD）浓度值为 149 mg/L，超标倍数为 0.49 倍；五日生化需氧量（BOD_5）浓度值为 39.1 mg/L，超标倍数为 0.96 倍。某公司的行为违反了《中华人民共和国水污染防治法》第十条规定，属于《环境保护主管部门实施按日连续处罚办法》第十三条第一项认定的拒不改正情形，依据《中华人民共和国环境保护法》第五十九条和《环境保护主管部门实施按日连续处罚办法》第十七条和第十九条规定，某市生态环境局对该公司实施按日连续处罚，处以罚款 150 万元。

二、诉讼情况

某公司于 2019 年 1 月 3 日向某市某区人民法院提起行政诉讼。一审法院认为某市生态环境局 2018 年 7 月 2 日作出的案涉《行政处罚决定书》事实清楚，证据充分，程序合法，适用法律正确，但《行政处罚决定书》缺乏对证据的全面分析认定，运用事实依据和法律依据说理不够充分，需要在今后的工作中加以改进和完善。

某公司不服一审判决，向某市中级人民法院提起上诉。某公司称：① 某市生态环境局作出的案涉行政处罚适用法律错误。《行政处罚决定书》中未载明《环境保护主管部门实施按日连续处罚办法》第十六条第二款的规定事项。一审法院将《行政处罚决定书》未引用相关条文认定属瑕疵错误。② 案涉行政处罚程序违法。一审审理过程中，某市生态环境局未提供证据证明案涉行政处罚决定经过取得法律职业资格人员的审核，其行政处罚程序违法。③ 某市生态环境局 2018 年 2 月 27 日的检查并非复查，某公司不存在拒不改正的情形，案涉行政处罚缺乏证据。④ 行政处罚本着处罚与教育相结合为目的，一次行政处罚已足以警诫上诉人，无按日连续处罚的必要。因此，请求撤销原判，同时撤销某市生态环境局 2018 年 7 月 2 日作出的案涉《行政处罚决定书》。

某市生态环境局答辩称：① 某市生态环境局作出的案涉行政处罚决定不存在"适用法律错误"的问题。② 案涉行政处罚作出的程序并未违法。本案中行政处罚的审核人员从事法制审核有 8 年多，不是初次从事法制审核工作。③ 某市生态环境局 2018 年 2 月 27 日的检查属于复查，对某公司的行为处"按日连续处罚"符合事实和法律规定。

二审法院认为：《中华人民共和国行政处罚法》第三十九条明确规定行政处罚决定书应当载明的内容，其中就明确了"行政处罚的种类和依据"，本案所涉行政处罚应适用的规章《环境保护主管部门实施按日连续处罚办法》第十六条第二款第二项、第三项更加明确了行政处罚决定书应当载明的相关内容。从原市环保局作出的《行政处罚事先告知书》和《行政处罚决定书》所载明的内容可见，其没有明确初次检查某公司发现的环境违法行为及对该公司的原处罚决定以及按日连续处罚依据和按日连续处罚的起止时间。因此，案涉行政处罚决定未运用事实依据和引用相关条文进行充分说理，未详细阐明处理罚款的计算标准、计罚日数的计算方式等，属于适用法律、法规错误。

综上，依照《中华人民共和国行政诉讼法》第八十九条第一款第二项、第七十条第二项规定，作出如下判决：撤销某市某区人民法院一审行政判决；撤销原某市环境保护局于 2018 年 7 月 2 日作出的《行政处罚决定书》。

三、案件解析

1. 法律适用有哪些应当注意的问题？

在作出行政处罚时使用法律规范条文时，应当注意以下几个方面：一是在作出处罚决定时应通过书面或口头的方式，向行政相对人明确告知处罚决定所依据的法律规范条文，并注意留存告知的证据，原则上应在处罚决定书中予以载明。二是行政处罚决定文书中应当载明所适用的法律、法规、规章的名称（全称），以及具体的条、款、项、目，否则在行政诉讼中会被认定为未适用法律。三是行政处罚决定文书中所载明适用的法律规范，应引用该条文的全部内容，不得遗漏。

2. 按日连续处罚决定书制作时需注意什么？

《环境保护主管部门实施按日连续处罚办法》第十六条第二款规定，处罚决定书应当载明下列事项：（一）排污者的基本情况，包括名称或者姓名、营业执照号码或者居民身份证号码、地址以及法定代表人或者主要负责人姓名等；（二）初次检查发现的环境违法行为及该行为的原处罚决定、拒不改正的违法事实和证据；（三）按日连续处罚的起止时间和依据；（四）按照按日连续处罚规则决定的罚款数额；（五）按日连续处罚的履行方式和期限；（六）申请行政复议或者提起行政诉讼的途径和期限；（七）环境保护主管部门名称、印章和决定日期。

四、案件点评

行政机关的行政执法文书具有行政拘束力，应当做到格式规范，结构严谨，用语准确，有理有据，运用事实依据和法律依据充分说理，有足够的依据和理由让行政相对人信任行政行为的正确性。行政执法文书引用的法条中有多个款、项的，应当具体载明。

五、相关法条

◆《中华人民共和国水污染防治法》

第十条：排放水污染物，不得超过国家或者地方规定的水污染物排放标准和重点水污染物排放总量控制指标。

第八十三条第二项：违反本法规定，有下列行为之一的，由县级以上人民政府环境保护主管部门责令改正或者责令限制生产、停产整治，并处十万元以上一百万元以下的罚款；情节严重的，报经有批准权的人民政府批准，责令停业、关闭：（二）超过水污染物排放标准或者超过重点水污染物排放总量控制指标排放水污染物的。

◆《环境保护主管部门实施按日连续处罚办法》

第十三条第一项：排污者具有下列情形之一的，认定为拒不改正：（一）责令改正违法行为决定书送达后，环境保护主管部门复查发现仍在继续违法排放污染物的。

第十六条：环境保护主管部门决定实施按日连续处罚的，应当依法作出处罚决定书。

处罚决定书应当载明下列事项：（一）排污者的基本情况，包括名称或者姓名、营业执照号码或者居民身份证号码、组织机构代码、地址以及法定代表人或者主要负责人姓名等；（二）初次检查发现的环境违法行为及该行为的原处罚决定、拒不改正的违法事实和证据；（三）按日连续处罚的起止时间和依据；（四）按照按日连续处罚规则决定的罚款数额；（五）按日连续处罚的履行方式和期限；（六）申请行政复议或者提起行政诉讼的途径和期限；（七）环境保护主管部门名称、印章和决定日期。

第十七条：按日连续处罚的计罚日数为责令改正违法行为决定书送达排污者之日的次日起，至环境保护主管部门复查发现违法排放污染物行为之日止。再次复查仍拒不改正的，计罚日数累计执行。

第十九条：按日连续处罚每日的罚款数额，为原处罚决定书确定的罚款数额。

按照按日连续处罚规则决定的罚款数额，为原处罚决定书确定的罚款数额乘以计罚日数。

◆《中华人民共和国环境保护法》

第五十九条：企业事业单位和其他生产经营者违法排放污染物，受到罚款处罚，被责令改正，拒不改正的，依法作出处罚决定的行政机关可以自责令改正之日的次日起，按照原处罚数额按日连续处罚。前款规定的罚款处罚，依照有关法律法规按照防治污染设施的运行成本、违法行为造成的直接损失或者违法所得等因素确定的规定执行。……

◆《中华人民共和国行政处罚法》

第五十九条：行政机关依照本法第五十七条的规定给予行政处罚，应当制作行政处罚决定书。行政处罚决定书应当载明下列事项：（一）当事人的姓名或者名称、地址；（二）违反法律、法规、规章的事实和证据；（三）行政处罚的种类和依据；（四）行政处罚的履行方式和期限；（五）申请行政复议、提起行政诉讼的途径和期限；（六）作出行政处罚决定的行政机关名称和作出决定的日期。

行政处罚决定书必须盖有作出行政处罚决定的行政机关的印章。

◆《中华人民共和国行政诉讼法》

第七十条第二项：行政行为有下列情形之一的，人民法院判决撤销或者部分撤销，并可以判决被告重新作出行政行为：（二）适用法律、法规错误的。

第八十九条第一款第二项：人民法院审理上诉案件，按照下列情形，分别处理：（二）原判决、裁定认定事实错误或者适用法律、法规错误的，依法改判、撤销或者变更。